D1718396

Burgen und Schlösser

im Kinzigtal

Georg-Wilhelm Hanna

ISBN 3-9801933-1-4

© 1992, Hanauer Anzeiger,
Druck- und Verlagshaus, Hammerstraße 9, 6450 Hanau 1

Gestaltung, Satz und Druck:
Hanauer Anzeiger, Druck- und Verlagshaus,
Hammerstraße 9, 6450 Hanau 1

Buchbinderische Verarbeitung:
Brühlsche Universitätsdruckerei, 6300 Gießen-Wieseck

Vorwort

Der Main-Kinzig-Kreis, der im wesentlichen das Gebiet der ehemaligen Grafschaft Hanau umfaßt, ergänzt durch einstmals mainzische, fuldische und bayrische Teile, ist geschichtsträchtiges Land. Das Kinzigtal war nicht nur Lebensader der Region zwischen Vogelsberg und Spessart, sondern als Teil von „des Reiches Straße", dem alten Handelswege zwischen Frankfurt und Leipzig auch stets in das Zeitgeschehen besonders hautnah eingebunden. Die wechselvolle Geschichte dieser Region spiegelt sich nicht zuletzt in einer ganzen Reihe von bedeutenden historischen Bauwerken, zu denen zahlreiche Burgen, Schlösser und Herrensitze gehören. Der vorliegende Band will hier eine Lücke schließen, denn eine vergleichbare Publikation gibt es nicht. So entstand mit „Burgen und Schlösser im Kinzigtal" ein handlicher Führer zu diesen Sehenswürdigkeiten, der den historisch Interessierten anregen, den Besucher informieren soll. Er ist deshalb auch kein umfassendes Werk mit wissenschaftlichem Anspruch, sondern eher ein Hilfsmittel für diejenigen, die sich für die Geschichte dieser Region interessieren. Der „Hanauer Anzeiger" hat die Herausgabe von „Burgen und Schlösser im Kinzigtal" nicht alleine aus seiner auf das Jahr 1725 zurückgehenden Tradition heraus übernommen, sondern auch und gerade, um seinen Lesern wie auch den Besuchern des Main-Kinzig-Kreises eine Anregung in die Hand zu geben, sich mit der Geschichte einer Landschaft zu befassen, die gerade nach der Wiedervereinigung wieder „mitten in Deutschland" liegt.

Hanau, im Dezember 1991

Einleitung

Zu den charakteristischen historischen Merkmalen der Landschaft zwischen Rhön, Vogelsberg und Spessart gehören neben anderen erhaltenen Stätten kunsthandwerklichen Schaffens die vielen Burgen, Herrenhäuser und Schlösser. Sie sind Zeugnisse herrschaftlichen Machtstrebens, aber auch geschichtliche Wahrzeichen für Wurzeln und Sitze der adligen Obrigkeit, die über Jahrhunderte hinweg das politische Leben in unserem Gebiet geformt und seine Entwicklung bestimmt haben.

Von unserer fortschrittlichen und schnellebigen Zeit nahezu unberücksichtigt, haben sich in der Main-Kinzig-Landschaft über vierzig dieser Adelssitze erhalten. In Form von mittelalterlichen Wehrbauten oder als repräsentative Schloßgebäude, die als Neugründungen der letzten Jahrhunderte keinen mittelalterlichen Vorgängerbau in sich bergen, wecken sie unser Interesse. Die landschaftliche Lage und örtliche Gegebenheit und die dem Baustil entsprechende Bauform sind die typischen Entwicklungslinien von der mittelalterlichen Burg bis hin zum eindrucksvollen Schloßbau. Hinzu kommen die Aufgaben, die ihnen gestellt waren: Schutz gegen feindliche Einfälle, Schutz und Verwaltung eines herrschaftlichen Gebietes, Verwaltungsburgen (Zolleinhebung). Es erscheint die Burg in ihrer Blütezeit als Wasserburg oder als „Niederburg" in den Niederungen, nicht selten auch als eine Art befestigten Gehöftes inmitten von Dörfern. Ihren bezwingenden Ausdruck jedoch erhält sie als Höhenburg, im baulichen Sinne die geniale Fortführung der alten Fluchtburg. Das Gelände bestimmt die Form des Grabens, der ersten der vielen Abwehrkräfte, die einem Angreifer entgegentraten. Er kann schmal oder breit, tief oder seicht, mit Wasser gefüllt oder trocken sein. Bei steilen Felsenburgen fehlt er. Gewaltig erhebt sich die Ringmauer. Hinzu kam eine zweite Ringmauer mit dem dazwischenliegenden Zwinger. Durch seine Enge erschwerte er dem eingedrungenen Feind die Aufstellung von Sturmleitern. Bluthunde und Bären, die darin untergebracht waren, bereiteten böse Überraschungen. Vielfach sind die Burgen auch in Vorburg, Mittelburg und Hochburg unterteilt. Jede erhielt eine eigene Ringmauer, oft sogar einen eigenen Graben. Solche Burgen zu berennen, wurde für den Angreifer zu einer immer schwierigeren Aufgabe. Die schwächste Stelle in der Ringmauer, dem Tor, wurde besondere Aufmerksamkeit gewidmet. Ein mächtiger Torbau, flankierende Türme, eine Häufung von Schießscharten, Fallgitter und eine aufgezogene Fallbrücke machten diesen mächtigen Torblock zu einer furchtbaren Wehr.

Sichtbares Zeichen der Burg ist der Bergfried. Mit einer Höhe von oft dreißig Metern war er Ausblick nach freundlicher oder feindlicher Annäherung. Oft bot er der Rittersfamilie Wohnung und enthielt die Vorratskammern, das Verlies und den Brunnen. Das mittelhochdeutsche bero = Berg und vride = Schutz vereinigten sich zu dem Begriff Bergfried, dem Turm, der den Berg beschützt. Zuerst in eine Mauerecke, schließlich sogar in die Mitte gestellt, war er das letzte und zäheste Bollwerk, das die Stürmenden erwartete, wenn sie schon die übrige Burg in ihren Besitz gebracht hatten.

Vom Reichtum des Burgherrn und der Größe der Burg hing die Gestaltung der übrigen, nicht Wohnzwecken dienenden Gebäuden der Burg ab. Während die Vorburg meist die Scheunen, Ställe und Knechtswohnungen enthält, ist der Palas das schönste Gebäude. Er dient dem vornehmen Wohnen, zum Empfang und zur Bewirtung der Gäste.

Zum Bestandteil fast jeder Burg gehört die Burgkapelle, entweder im Bergfried, dem Wohngebäude, oder in die Ringmauer eingefügt. Auch hier spielte wieder der Stand oder Reichtum des Burgherrn eine große Rolle und bestimmte die Ausgestaltung, die Begräbnisstätte oder gar das wichtigste Amt des Burgkaplans. Als Reich der Frau darf das Burggärtlein nicht unerwähnt bleiben. Hier pflanzte sie Gemüse und Blumen an oder nutzte den Ort für stille häusliche Näharbeit.

Unsere Vorstellungen vom Ritterleben sind durch das 19. Jahrhundert geprägt. Wir Heutigen sind geneigt, dem Leben und Treiben einen romantischen Schimmer zu verleihen. Daß das Dasein auf den Burgen meist recht hart in Enge und Langeweile sich abspielte, wissen wir von Ulrich von Hutten, der in einem Brief an Willibald Pirckheimer am 25. Oktober 1518 eine Schilderung der Lebensweise überliefert hat:

„Man lebt auf dem Felde, in Wäldern und in jenen Bergwarten. Die Leute, die uns erhalten, sind äußerst dürftige Bauern, denen wir unsere Äcker, Weingärten, Wiesen und Wälder verpachten. Der Ertrag daraus ist im Verhältnis zur aufgewendeten Mühe gering, aber man gibt sich viel Mühe, daß er groß und reichlich werde,

denn wir müssen sehr fleißige Haushälter sein. Dann stehen wir notwendigerweise in einem Dienstverhältnis zu einem Fürsten, von dem wir Schutz hoffen dürfen; wäre dies nicht, so würden sich alle alles gegen mich erlauben, und wenn ich es auch wäre, so ist doch diese Hoffnung mit Gefahr und täglicher Besorgnis verbunden, denn, wenn ich aus dem Haus hinausgehe, ist zu befürchten, daß ich denen in die Hände falle, mit denen der Fürst in Händel und Fehde ist; an seiner Stelle fallen sie mich an und schleppen mich fort. Wenn das Unglück will, kann ich mein halbes Vermögen auf das Lösegeld verwenden, so treffe ich, wo ich auf Schutz hoffe, vielmehr auf Angriff. Doch dazu halten wir Pferde und schaffen Waffen an, sind von zahlreichem Gefolge umgeben, mit großen und in allen schweren Kosten, daß wir nicht 500 Schritt weit ohne Waffen und Rüstungen spazierengehen dürfen. Kein Dorf kann man unbewaffnet besuchen, nicht auf die Jagd zu fischen anders als gerüstet zu sein. Dann gibt es häufig Streit zwischen unsern und fremden Bauern, es vergeht nicht ein Tag, wo uns nicht von irgendeinem Hader berichtet wird, den wir sehr vorsichtig schlichten, denn wenn ich zu keck mich der Meinigen annehme und ihnen angetanes Unrecht verfolge, so entsteht ein Krieg. Wenn ich zu geduldig nachgebe und von meinem Recht nachlasse, stelle ich mich den Unbilden von allen Seiten bloß; denn was einem zugestanden worden ist, das würden die anderen auch für sich bewilligt sehen wollen, eine Belohnung für ihr eigenes Unrecht.

Doch zwischen welchen Leuten kommt so etwas vor? Nicht unter Fremden, mein Freund, sondern zwischen Verwandten, Angehörigen, Verschwägerten, ja auch unter Brüdern ereignet sich das. Das sind die Annehmlichkeiten unseres Landlebens, das die Ruhe und Ungestörtheit.

Ob die Burg auf einem Berge oder in einer Ebene liegt, immer ist sie nicht zur Behaglichkeit, sondern zur Befestigung erbaut, von Graben und Wall umgeben, innen eng, mit Vieh und Pferdeställen zusammengedrängt, da sind nahebei dunkle Kammern mit Kanonen, Pech und Schwefel, und was sonst zur Kriegsrüstung gehört, vollgefüllt. Überall riecht man den Gestank des Schießpulvers, dann die Hunde und ihren Unrat, auch ein schöner Duft, wie ich meine. Es kommen und gehen Reiter, unter Ihnen Räuber, Diebe und Wegelagerer, denn gewöhnlich stehen unsere Häuser offen und wir wissen nicht, wer ein jeder ist oder kümmern uns nicht sehr darum. Man hört das Blöken der Schafe, das Brüllen der Ochsen, das Bellen der Hunde, das Geschrei der Leute, die auf dem Felde arbeiten, der Karren und Wagen Knarren und Gerassel, in unserer Heimat auch der Wölfe Geheul, da die Wälder nahe sind. Alle Tage sorgt und kümmert man sich um den morgigen Tag, es gibt beständige Bewegung, beständige Stürme; die Felder müssen geackert und umgegraben werden, in den Weinbergen ist Arbeit, es sind Bäume zu pflanzen, Wiesen zu bewässern, da ist zu behacken, zu säen, zu düngen, zu ernten, zu dreschen. Es kommt die Ernte, es kommt die Weinlese. Wenn dann in einem Jahre schlechtes Ergebnis, wie dies bei jener Unfruchtbarkeit meist geschieht, eintritt, dann entsteht eine wunderbare Not, eine wunderbare Armut."

Mit dem Aufkommen der Feuerwaffen naht das Ende des Mittelalters. Zugleich beginnt der Niedergang der Burg als Wohn- und Wehrbau. Der Schloßbau übernimmt die eine, der Festungsbau die andere Funktion. Ein Prozeß, der sich über zwei Jahrhunderte hinzieht. Gehobene Ansprüche an den Wohnkomfort, die gesellschaftliche Stellung, Prachtentfaltung und Standesbewußtsein lassen seit der Renaissance die Architektur von Burg und Schloß unterscheiden. Die im Spätmittelalter im Gleichklang verwendeten Begriffe Burg und Schloß beginnen sich zu trennen. Man zieht hinab in die gut gesicherten Städte. Der herrscherliche Bauwille läßt seit Beginn der Neuzeit prachtvolle Residenzburgen entstehen. Die Höhenburgen werden verlassen, sie verfallen. Spätestens im Dreißigjährigen Krieg zeigt sich, daß sie nicht mehr zeitgemäß sind. Nach den Wirren dieses Krieges folgt wiederum eine einschneidende Zäsur in der stilistischen Entwicklung des Bauhandwerkes. Die herrschenden Gewalten im beginnenden Zeitalter des Absolutismus, die Fürsten, Grafen und begüterten Edelleute lassen sich barocke Schloßbauten errichten. Sie symbolisieren Ruhm, Macht und Würde eines neuen Herrscherdenkens.

Mit dem Ende der Monarchie 1918 im Deutschen Reich und in Österreich verliert der Adel seine Aufgabe als staatstragendes Element. Die Residenzen sind ihrer ursprünglichen Funktion als Herrschaftssitze verlustig, sie bleiben in Privatbesitz oder werden einer neuen Nutzung unterworfen, wobei beachtliche Unterhaltskosten eine Rolle spielen.

Der Ritter Ulrich von Hutten

Biebergemünd-Wirtheim

Schloß Wirtheim

Am westlichen Ortsausgang von Wirtheim, dem vormaligen Unterem Tor, steht das größte und auffälligste Bauwerk des Ortes. Der rechteckige Doppelgeschoßbau mit seinem steilen Satteldach und Treppenturm mit Helmdach, reicht giebelseitig direkt an die alte Reichsstraße heran. Vor nicht langer Zeit noch ein gefährlicher Engpaß, der erst in den 1980er Jahren durch die Öffnung einer vorhandenen Pforte fußgängerfreundlich entschärft wurde.

Die Erbauung dieses Herrensitzes – ein Vorgängerbau wird 1426 erwähnt – datiert im Kern in die erste Hälfte des 16. Jahrhunderts. Der Baustil und die Architekturformen einzelner Fenster sprechen dafür. Die Herren von Lauter hatten zu dieser Zeit das Schloß in Besitz. 1582 heißt es, die Niederadligen Forstmeister von Gelnhausen hätten das Schloß von Mainz zu Lehen erhalten. Ab dieser Zeit ist das Gebäude der Verwaltungssitz für die dortigen Amtmänner.

1717 heiratete Johann Philipp Friedrich Freiherr Forstmeister von Gelnhausen die aus Salmünster stammende Anna Margarethe Elisabeth von Schleifras. Sie bewohnten, bis der Freiherr 1720 die Verwaltung des Oberamtes Hausen übernahm, das Wirtheimer Schloß. Während dieser Zeit wurden bauliche Veränderungen vorgenommen. Daran erinnert die barocke Eingangstür und das Allianzwappen der Forstmeister von Gelnhausen und von Schleifras. Ein zeitgleiches eingeschobenes Zwerchhaus rechts vom Eingang lockert die Symmetrie des Schlosses auf.

Ende des 18. Jahrhunderts war auf das Kurfürstentum Mainz der Lehnsitz wieder zurückgegangen. Starke Verschuldungen zwangen Kurmainz 1794 zum Verkauf des Herrensitzes für 14 000 Gulden einschließlich einer Pfandordnung an die Freiherrn Forstmeister von Gelnhausen.

Im Jahr 1808 gibt der Besitzer das Schloß ab an die Pfandinhaber von Waldbott-Bassenheim. Weiterhin ist bekannt, daß noch im gleichen Jahr eine Versteigerung stattfand. 18 Wirtheimer Einwohner ersteigerten das Gut für 17 850 Gulden. Der Besitz wurde aufgeteilt. In der Folge wird ein aus den Niederlanden eingewanderter Kupferschmied, Heinrich van Gülick, genannt. Für 13 200

Gulden gelangte das Schloß in sein Eigentum. Er baute die Scheunen und Ställe teilweise zu Wohnungen aus. Seine Erben splitteten das weiträumige Schloß in „unten" und „oben", „rechts" und „links" auf. Eigentumswohnungen im heutigen Sinne waren entstanden. Zu Beginn unseres Jahrhunderts was das Anwesen heruntergewirtschaftet. 1927 wurde es mit Staatszuschüssen renoviert. Auch heute wohnen im Schloß noch mehrere Besitzer, die darin je eine Wohnung zu eigen haben. Das erschwerte bisher eine umfassende Sanierung. Nachdem die politische Gemeinde einen Teil erworben hat, konnte 1991 mit der Erneuerung des Treppenturms begonnen werden.

Schloß Wirtheim

Birstein

Schloß Birstein

Auf steilen Basaltfelsen, den Ausläufern des Vogelsberges, steht Schloß Birstein und prägt verschönernd das Ortsbild.

Um die drei Höfe gruppiert sich das Schloß als alter fürstlicher Besitz. Baugeschichtlich geht es auf eine fuldische Ganerbenburg zurück, die die Äbte zum Schutz ihrer Besitzungen auf der günstigen Spornanlage errichten ließen. 1279 erscheint sie erstmals in einer Urkunde unter den Namen „castrum Birsenstein" als fuldisches Lehen. Durch Kauf von Burganteilen im Jahre 1335 beginnt das Geschlecht derer von Isenburg systematisch mit dem Aufbau eines eigenen Territoriums. Diether von Isenburg gelingt 1438 der endgültige Erwerb der Burg. Er wird vier Jahre später in den Reichsgrafenstand erhoben. Durch Erbteilung entsteht 1517 eine Birsteiner Linie des Hauses Isenburg. Die mittelalterliche Burg wird zum Wohnsitz ausgebaut und dient fortan als ständige Residenz.

Rege handwerkliche Tätigkeiten lassen im zweiten Viertel des 16. Jahrhunderts den heutigen Fürstenflügel entstehen. Schon 1527 als „Neuer Bau" begonnen, wird er später in Zusammenhang mit dem „Neuen Schloß" aufgestockt. Der in seiner bauli-

Luftkurort Birstein, Kreis Gelnhausen, Orig. Fliegeraufnahme

Hauptbau oder „Neues Schloß"

chen Substanz in das 13. Jahrhundert zurückreichende „Küchenbau" wird 1549–52 umgestaltet. Der im Kinzigtal bekannte Steinauer Meister Asmus leitet die Bauperiode. Gotische Kleeblatt-
bögen, Fenster- und Türgewände erinnern an sein handwerkliches Können.

1553 folgte der Erbprinzenbau, später Kutschenbau oder Rüst-
haus genannt, 1555 der Kapellenbau und zu gleicher Zeit der Ausbau der Vorburg. Es entstand 1514 ein neues Tor und 1592 der sogenannte Kanzleibau als Ersatz für dieses Tor und als nördlicher
Abschluß des ersten Hofes. Der die gesamte mittelalterliche
Burganlage überragende Bergfried erhält 1551 einen Oberbau
und um 1600 das Dach. Die Bauzeit des Marstalls war das begin-
nende 17. Jahrhundert, mit Fertigstellung bis zum Dreißigjährigen
Krieg.

Nachdem 1744 die Linie Isenburg-Birstein in den Reichsfürsten-
stand erhoben worden war, wird zunehmend die Renaissance-
Architektur durch Neu- und Umbauten im Charakter eines zurück-
haltenden klassizistischen Barock umgestaltet. Die 1733 vom Hanauer Hofbaudirektor Hermann geplante „neue Kanzlei", mit dem
Tor- und Wachgebäude, wird 1744 fertiggestellt.

Ost- und Westflügel des ersten Hofes werden im gleichen Stil
überarbeitet. Die Baufälligkeit des Hauptgebäudes, das sogenannte Mittelschloß, zwang zu einer Neugestaltung. So entstand

in den Jahren 1763–68 das „Neue Schloß" nach den Plänen und unter der Leitung des nassauischen Hofbaudirektors Faber. Der um ein Stockwerk höhergezogene Mittelrisalit, mit flachen Fronten und zeltartigem Dachaufbau, ist unvollendet geblieben. Erst 1911 wurde im Giebelfeld ein Wappen angebracht. Ein im Langenselbolder Park nicht mehr benötigter Rokokobrunnen vermittelt im großen Hof den Eindruck eines geschlossenen Architekturbildes. Künstlerisch als bedeutsamer ist die 1768–70 geschaffene Einrichtung. Wertvolles Mobiliar trägt dazu bei, daß Birstein als Wohnschloß hohen Rang besitzt.

Zugleich ist die Schloßanlage als ein gutes Beispiel westdeutscher Kleinresidenzen auf dem Lande anzusehen.

Wappen der Fürsten von Isenburg-Birstein

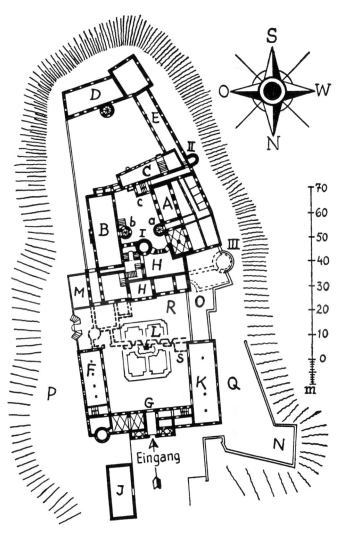

S · O · W · N

70
60
50
40
30
20
10
0
m

Eingang

A	Küchenbau (ältester)	G	Kanzlei	N	Scharfeneck
B	Neuer Bau	H	Hauptbau	O	Hochterrasse
C	Kapellenbau	J	Wachthaus	P	Lustgarten
D	Rüsthaus	K	Brauhaus und Schmiede	Q	Schenkhöfchen
E	Verbindungsbau	L	Bollwerk (Zwerchmauer)	R	gepflastertes Höfchen
F	Marstall	M	Altan	S	Brunnenhaus

Grundriß Schloß Birstein

15

Brachttal-Neuenschmidten

Schloß Eisenhammer

Bei Brachttal-Neuenschmidten liegt die Produktionsstätte der „Fürst Ysenburg Möbel GmbH". Repräsentative Chefzimmer-Ausstattungen werden in einer Industrieansiedlung des frühen 18. Jahrhunderts gefertigt.

Bis es zur Gründung der „Neuen Schmiede", eines Eisenhammers mit Hochofen, in 1707 durch das gräfliche Haus Ysenburg kam, erfolgte bis in das 15. Jahrhundert zurückgehend die Eisenverarbeitung der alten Schürfstelle Schächtelburg in einer Waldschmiede.

1723 erwarb der gräfliche Kammerrat Johann Wilhelm Schmidt aus Meerholz das Recht, innerhalb eines gewissen Umkreises das Hammer- und Schmelzwerk zu betreiben. Die Grafen von Ysenburg waren von den industriellen Unternehmungen ihres Pächters überzeugt und errichteten noch im gleichen Jahr ein Verwaltungsgebäude. Der dreigeschossige, schloßartige Bau mit einer hofseits geschweiften Treppe diente zugleich als Jagdquartier „Hammer". Ein Glockentürmchen ziert den aus 20 Fenstersen und mit Walmdach versehenen Bau. An die Erbauer erinnern im Giebel der hohen Tordurchfahrt Ysenburger Wappen. Nach Konkurs und mehrfachem Pächterwechsel im 18. Jahrhundert gelangte schließlich 1855 die Firma J. W. Buderus Söhne in Wetzlar und Hirzenhain in den Besitz des Eisenhammers. Sie veranlaßte vier Jahre später die Stillegung des Werkes. Eine fruchtbare Produktionszeit von Gießereierzeugnissen bis hin zum Kunstguß war zu Ende.

1875 übernahm Fürst Ferdinand Maximilian von Ysenburg-Wächtersbach durch Kauf den Eisenhammer. Zehn Jahre

Wappenstein Haan und von Lilienstern

später ließ er in den Produktionshallen ein Sägewerk einrichten. Verpackungskisten für die fürstliche Steingutfabrik wurden anfänglich hergestellt. Daraus entwickelte sich ein Küchenmöbelwerk. 1950 fiel ein Großteil der Werksanlagen einem Brand zum Opfer. Das vormalige Wohngebäude des Eisenhammers wurde wegen Baufälligkeit 1985 abgetragen. Im ehemals herrschaftlichen Park erinnert somit nur noch das „Schloß Eisenhammer" an die industriellen Anfänge des Brachttals.

Schloß Eisenhammer, Brachttal-Neuenschmidten

Brachttal-Spielberg

Burgruine Spielberg

Innerhalb des Ortskerns von Spielberg stand im ausgehenden Mittelalter eine Wasserburg.

Anläßlich einer Verkaufsverhandlung zwischen den Herren von Trimberg und Heinrich von Isenburg am 15. April 1365 wird urkundlich festgehalten, die „Spyelburg" sei davon ausgenommen. Weiterhin heißt es 1552, ein Graf Anton I. habe sie zum Witwensitz seiner Schwiegertochter bestimmt und mit den Einkünften des Spielberger Gerichtes dotiert.

Dieser herrschaftliche Sitz war wohl keine größere Burganlage, sondern vermutlich nur ein bewehrter Hof, der im 16. Jahrhundert als „Haus" bezeichnet wird.

Im Dreißigjährigen Krieg wurde ein Großteil des Ortes Spielberg durch Brand zerstört. Dabei verbrannte auch die Burg. 1624 waren nur noch Ruinen vorhanden. Bickell zeichnete einen Situationsplan der „wenig bedeutenden Wasserburg" nach einer Skizze aus dem Wächtersbach-Archiv.

Bei der Erweiterung der örtlichen Produktionsstätte der Molkerei in 1955 wurden auch die letzten Zeugnisse der ehemaligen Burg bis auf einen Turmrest beseitigt.

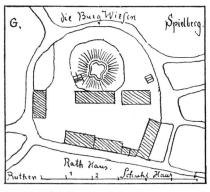

Lageplan Spielberg

Burgruine Spielberg, Brachttal-Spielberg

Erlensee-Rückingen

Wasserburg und Herrenhof Rückingen

Zu den ältesten Bauwerken vergangener Tage in Rückingen zählt
die Wasserburg. Auf einer durch Grabenziehung entstandenen
Kinziginsel errichtet, wird sie erstmals 1248 urkundlich erwähnt.
Die Herren von Rückingen und Rüdigheim hatten sie in ungeteil-
tem Lehensbesitz. Hinter der hohen Mauer, die ein Viereck umschloß, erhob sich ein Wohngebäude und ein starker quadrati-
scher Wehrturm. Von dieser gut ausgebauten Befestigung unter-
nahmen die Ganerben ausgedehnte Raubzüge. Sie kontrollierten
den Handelsverkehr auf den Flüssen und den Fernverkehrsstra-
ßen. Ihre Tributforderungen trugen ihnen den Namen „Markt-
schiff-Schinder" ein. Diese Einkunftsschmälerungen zwangen König Ruprecht von der Pfalz zum Handeln. Er ließ 1405 die Wasserburg in Rückingen schleifen. Die Rückinger Herren mußten gelo-
ben, „kein Graben, keine aufgehängte Brücke, keinen bewegli-
chen Bau oder Befestigung . . ." mehr zu errichten.

Wasserburg Rückingen, Erlensee-Rückingen

1461 ging mit anderem Grundbesitz die Burgstätte in das Eigentum des Ludwig von Isenburg über. Er belehnte darauf Henne von Rückingen mit seinem Eigentum. In dieser Zeit entsteht die kleine regelmäßige viereckige Burganlage neu. Doch schon 1522 ist sie wieder Anlaß für eine kriegerische Auseinandersetzung, denn die verbündeten Heere von Hessen, Pfalz und Trier strafen Philipp von Rüdigheim und erobern seine Burg. Dieser hatte Franz von Sickingen beim Landfriedensbruch gegen Trier unterstützt und mußte fliehen. Die Zerstörung der Burg wird nicht allzu gründlich gewesen sein.

Über weitere bauliche Veränderungen oder Ausbesserungen gibt der Schlußstein mit Wappen und der Jahreszahl 1569 Auskunft. Nach dem Aussterben der Herren von Rückingen im 18. Jahrhundert gelangte die Burg in Wechselbesitz. Später, im 19. Jahrhundert, kaufte sie ein Landwirt von den Isenburgern. Der Wassergraben wurde zugeschüttet, Brücke, Tortürme und Zinnen verschwanden. Mitte der 70er Jahre erwarb die Gemeinde Erlensee die baulichen Reste des steinernen Wehrgebäudes mit Rundbogenfries und Eckrundturm. Seit 1983 nutzt der Heimat- und Geschichtsverein einige Räume für ein kleines Heimatmuseum.

Zurück zum 15. Jahrhundert. Gebunden an sein Versprechen, keine Wehranlage mehr zu errichten, baute Johann von Rüdigheim 200 Meter oberhalb der Burg an der Kinzig seinen Wirtschaftshof aus. Damals „Bauhof" wird er dann „Herrenhof" genannt. Eine feste Mauer umgab das Anwesen, das aus dem Schloß, der Herrenscheuer, Stallungen und dem großen Herrengarten bestand. Auch der Herrenhof ging in der Mitte des 19. Jahrhunderts in Privatbesitz über. 1909 wurden Teile davon auf Abbruch verkauft und der Buchbergturm hoch über dem Kinzigtal aus diesem Steinmaterial gebaut. Ein Brand in 1912 trug zu einem weiteren Eingriff in die Bausubstanz des Herrenhofes bei. Heute ist vom früheren Burggut nur noch eine Scheune vorhanden.

Teil des Herrenhofes war auch ein zweigeschossiger Wirtschaftsbau mit rundem Treppenturm aus dem Jahr 1564. Dieser Bau wird „Schlößchen" genannt. Da, wie bereits erwähnt, die Herren von Rückingen im Mannesstamm ausgestorben waren, erhielten die von Fargel den Landsitz zu Lehen. Sie ließen bauliche Um- und Erweiterungsarbeiten vornehmen, wie das barocke Fachwerk der Obergeschosse, ein Türgewände und der Wappenstein mit Allianzwappen und der Jahreszahl 1713 ausweisen. Schon ein Jahr später war auch diese Familie ausgestorben. Anfang unseres Jahrhunderts als Schwesternstation und Kindergarten genutzt, dient das Schlößchen heute zu Wohnzwecken.

Wappenstein von Rückingen 1569

Freigericht-Somborn

Hof Trages

Westlich der Straße Niederrodenbach–Albstadt liegt das Hofgut Trages. Es trägt den Namen eines Geschlechtes, das sich 1374 „von Dragus" nannte. Im 15. Jahrhundert sind zwei Lehenshöfe bekannt. Während der obere Hof hanauisch war, hatte den unteren Hof Mainz in Besitz. Dieser soll ein Dorf von sieben bis acht Häusern gewesen sein, dem eine Verödung im Dreißigjährigen Krieg nachgesagt wird. Auch beim „Oberen Hof" handelt es sich um eine Kleinsiedlung, in der 1598 zehn Familien wohnten. Um 1633 soll auch diese kleine Ortschaft schwedischer Zerstörungswut zum Opfer gefallen sein. Weiterhin ist bekannt, daß sich Hof Trages von 1639 bis 1710 im Lehensbesitz der Herren von Erckenbrecht befand. Nach kurzzeitigen Wechselbesitzverhältnissen erwarb 1728 der Hanauische Regierungsrat und spätere Kanzler Johann Hieronymus Felix von Cranz den Herrensitz. Sein Sohn Johann Carl ließ 1730 das Herrenhaus und das danebenstehende Pächterhaus errichten.

1712 heiratete Ludwig von Savigny die Schwester des Besitzers Susanne Eleonore. Ihr 1726 geborener Sohn Christian Carl Ludwig von Savigny weilte erstmals 1748 auf Trages. Er erlebte, wie im gleichen Jahr der barocke Gartenpavillon, die Urzelle des späteren Schlößchens, im terrassenförmig nach Versailler Muster angelegten Park erbaut wurde. Drei Jahre später, 1751, übereignet von Cranz seinen Besitz an seinen Neffen. Seit dieser Zeit lebt das Geschlecht der Freiherrn von Savigny auf Hof Trages. Um sich besser um seinen Landsitz kümmern zu können, wechselte von Savigny 1762 aus pfalz-zweibrückischen Diensten in isenburgische. Er lebte ab 1763 als Gesandter des Frankfurter Kreistages in Offenbach und überließ die örtliche Verwaltung seiner Güter auf Hof Trages dem Registrator Kröber. In dieser Zeit werden umfangreiche Anpflanzungen vorgenommen, so die Platanenallee hinter dem Haus, die Kastanienallee bis zur Birkenhainer Landstraße und eine Nußallee zum Lustwäldchen, dem heutigen Parkwald mit Teichen.

Nach dem Tod des Christian Carl Ludwig von Savigny 1791 wurde Sohn Friedrich Carl Nachfolger seines Vaters. Der berühmte Rechtsgelehrte heiratete 1804 Kunigunde von Brentano.

Hof Trages wurde zum beliebten Treffpunkt der deutschen Romantiker Bettina und Achim von Armin und Clemens von Brentano. Ein „Brentanozimmer" im Herrenhaus des Hofgutes erinnert daran. Für seinen berühmten Vater ließ Sohn Karl Friedrich 1866 nach den Plänen des Kölner Diözesanbaumeisters Vinzenz Statz eine neugotische Grabkapelle errichten. In dieser Zeit, 1865, wurde auch das jetzige Schloß gebaut.

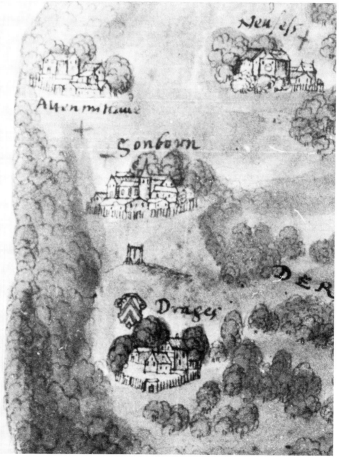

Ausschnitte aus einer Karte von 1592

Schloß Trages, Freigericht-Somborn

Der ehemalige Gartenpavillon erhielt nach einer Aufstockung ein Mansardwalmdach. Zwei gleichschenkelige Seitenflügel mit in der Dachform angedeuteten Eckpavillons geben der Anlage ihr schlichtes neubarockes Aussehen.

Burgruine Hüttelngesäß

Bei Niedersteinbach ragt der Main-Kinzig-Kreis bis an die Straße zwischen den bayrischen Gemeinden Michelbach und Mömbris in den Kahlgrund hinein. In dieser noch hessischen Landzunge liegt das Forsthaus Hüttelngesäß. Unweit davon befinden sich die Ruinenreste der ehemals gleichnamigen Burg. 1219 als Hittengeze bekannt, änderte sich die Namensform bis zur heutigen und bereits 1754 erwähnten Schreibweise.

Heimatforscher nehmen an, die Entstehung des Hofes und der Burg Hüttelngesäß gehen noch auf vorgeschichtliche Zeit zurück und bringen dies mit dem Ringwall auf dem Schanzenkopf in Verbindung. Im 13. und 14. Jahrhundert den Herren von Hüttengesäß als Lehenssitz zu eigen, wird 1403 Ulrich von Bergheim als Teilinhaber der Burg genannt. Als Burgamtmann von Alzenau hatte dieser sich an Räubereien beteiligt. Um den räuberischen Kleinadel der Wetterau Einhalt zu gebieten, ließ König Ruprecht von der Pfalz mehrere Burgen, so auch am 22. Februar 1405 die Burg Hüttelngesäß, zerstören. Da die Burgbesatzung diese rechtzeitig geräumt hatte, wurde sie von dem königlichen Exekutionsheer niedergebrannt. 1478 wird Kaspar von Buchenau als Teilinhaber eines Viertels von Schloß „Hudelngesäß" erwähnt. Anfang des 16. Jahrhunderts, genauer 1510, kaufte die Herrschaft Hanau das verfallene Schloß und Hofgut. Es wurde mit dem benachbarten Hof Trages, zu dem es noch heute gehört, vereinigt. Seit 1991 bemühen sich die Mitglieder der örtlichen Heimat- und Geschichtsvereine erfolgreich um eine Sanierung der Ruine.

Burgruine Hüttelngesäß, Freigericht-Somborn

Gelnhausen

Kaiserpfalz

Auf der Kinziginsel in Gelnhausen steht die Ruine der Kaiserpfalz. Im Volksmund trägt sie die Bezeichnung „Barbarossaburg". Es ist geschichtlich erwiesen, daß es sich um eine Gründung von Kaiser Friedrich Barbarossa I. aus dem Geschlecht der Hohenstaufen, der am 4. März 1152 zum König der Deutschen und am 18. Juni 1155 als Kaiser des Reiches gekrönt wurde, handelt. Da die deut-

Kaiserpfalz Gelnhausen

schen Könige des hohen Mittelalters nicht von einer Hauptstadt aus regierten, schufen sie sich Zentren ihrer Macht. Sie reisten in ihrem riesigen Herrschaftsgebiet umher und verwalteten von ihren Königspfalzen aus das Reich. Eine dieser staufischen Pfalzen ist Gelnhausen.

Barbarossa, der die neue Stadt an der großen Handelsstraße Frankfurt–Leipzig gründete und von dem sie 1170 die Stadtrechte erhielt, ließ die Pfalz als Wasserburg erbauen. Einen Vorgängerbau soll es schon 1158 gegeben haben. 18 000 bis 20 000 Pfähle wurden in den Boden gerammt, wozu ein Zeitraum von 15 bis 20 Jahren erforderlich war. Jahresringchronologische Untersuchun-

Nordwand mit Kamin

gen an einem Fundamentpfahl des Tores lassen diesen auf 1182 datieren. Man nimmt an, daß der Bau etwa nach 1195 seinen Abschluß fand.
Der Kaiser und seine Nachfolger weilten häufig in ihrer Pfalz Gelnhausen. Bedeutende Reichs- und Fürstentage wurden dort

Sogenannter Barbarossakopf

abgehalten. Höhepunkte waren wohl die Reichstage von 1180 im Prozeß gegen Heinrich den Löwen und 1195 mit der Aufforderung zum Kreuzzug gegen die Ungläubigen. Mit dem Zusammenbruch der Stauferherrschaft ging der Verfall der Pfalz einher. 1349 wurde die Stadt und Burg Gelnhausen ihrer Reichsfreiheit verlustig. Die Burgmannen nutzten die Pfalz als Steinbruch und verwendeten schon seit dem 14. Jahrhundert das Baumaterial zum Bau ihrer Häuser.

Im ersten Viertel des 19. Jahrhunderts begann wieder ein wachsendes Interesse für die noch erhaltenen Reste der Pfalz. Ein Bemühen um den Erhalt der Kernburg, die mit der Vorburg etwa das östliche Drittel an der großen Kinziginsel einnahm, setzte ein.

Auf der Vorburg wohnten die Burgmannen. Ursprünglich von dem unbebauten Westteil durch einen Wassergraben getrennt, erhält sie im 15. Jahrhundert eine Ringmauer mit drei Toren. Mit ihrem fast trapezförmigen Grundriß war die Kernburg von der noch erhaltenen Ringmauer mit Wehrgang und Zinnen versehen.

Sie umfaßte neben der Eingangshalle mit mächtigem Torturm und darüberliegenden gewölbten Raume, der später als Pfalzkapelle genutzt wurde, den Palas, den Bergfried, den Rundbau und verschiedene Wirtschaftsgebäude. Die zweischiffige Toreinfahrt mit sechs Jochen übermittelt eine Vorstellung von der Größe der alten Kaiserpfalz. Kunstvolle Ornamente zählen zu den erlesensten Zeugnissen staufischer Bildhauer. Die Nordseite des Hofes wird von den Überbleibsel der Fassade des einstmaligen Palas beherrscht. Zwei Geschosse der Längsseite sind noch erhalten. Das Erdgeschoß wird fast verdeckt von der Hoffläche. Eine Freitreppe erschloß früher das Portal des ersten Obergeschosses. Hinter den Arkaden mit ihren reichverzierten doppelten Säulenreihen befanden sich die Wohnräume. An der Innenseite der Ostwand des Palas sind noch die Mauerteile eines formschönen Kamins zu sehen. Von einem weiteren Obergeschoß haben sich wenige Architekturfragmente erhalten. So, wie die Schauseite dieses Geschosses nicht mehr zu sehen ist, sind auch die flachen Balkendecken, die die Geschosse voneinander trennten, nicht mehr vorhanden.

Die wenigen Reste der Kaiserpfalz zählen mit zu den schönsten Dokumenten romanischer Baukunst in Deutschland. Sie sind ein begehrtes Besuchsziel von Kunstkennern aus nah und fern.

Kapitell mit Adlern

Gelnhausen-Meerholz

Schloß Meerholz

Imposantestes Bauwerk von Meerholz, heute ein Stadtteil der Barbarossastadt Gelnhausen, ist sein Schloß. Auch „Kleine Residenz" genannt, war es bis 1929 Sitz der Grafen von Ysenburg-Büdingen-Meerholz.

Im 16. Jahrhundert wurde mit dem Bau des Schlosses auf den alten Mauern eines Klosters begonnen. Selbolder Prämonstratenser hatten um 1173 in Meerholz ein Chorfrauenstift zur heiligen Maria gegründet. Von der letzten Äbtissin Anna von Muschenheim erwarb Graf Anton I. 1555 das Klostergelände. Er plante dort den Bau einer festen Burg. Sein Sohn und Erbe, Graf Georg, der von 1560 bis 1575 regierte, verwirklichte die Vorstellungen des Vaters. Nach 1565 ließ er die Klosteranlage niederreißen und begann mit dem Bau des Renaissance-Schlosses. Daß dabei die Grundmauern des Klosters Verwendung fanden, ist noch am Schloß und an der Schloßkirche ablesbar. Beide Bauten zeigen genau den Grundriß einer alten, um einen rechteckigen Kreuzgang gelagerten Klosteranlage.

Schloß Meerholz, Gelnhausen-Meerholz

Allianzwappen von Ysenburg und von Solms-Assenheim 1736

Graf Wolfgang, der Bruder und Nachfolger Georgs, vollendete den Schloßbau. Zu Beginn der Arbeiten kam es 1567 zum Protest der Stadt Gelnhausen. Diese wollte aufgrund eines 1333 gegebenen und 1429 erneuerten kaiserlichen Vorrechts, der im nahen Umkreis ihrer Stadt weder den Bau einer Burg noch einer befestigten Anlage mit Wall und Graben erlaubte, die Errichtung des Schlosses verhindern. Der Graf jedoch setzte sich über die Einwände hinweg und ließ das Bauwerk fertigstellen. Wie bereits erwähnt, läßt der östliche Innenhof des heutigen Schlosses die Grundanlagen des Kreuzganges der mittelalterlichen Klausur erkennen. Zwei achtseitige Treppentürme mit Portalen erschließen den Gebäudekomplex. In der südöstlichen Ecke dieses Hofes befindet sich die ehemalige Klosterkirche. Sie ist ein schlichter, im Kern gotischer Bau mit dreiseitigen Schlußsteinen, die als evangelische Kirche Verwendung findet. An der Südseite der Kirche befindet sich der Turm mit spätmittelalterlicher Steinbalustrade, Türmerstube und barocker Laternenhaube.
1845 wurde das Schloß neu gestaltet. Es entstand ein zweiter Innenhof im Stil der Neurenaissance. Zu dieser Zeit wurde auch der talseitige Schloßpark angelegt. Graf Gustav, der letzte Träger des Namens Ysenburg-Büdingen-Meerholz, ließ Anfang des 20. Jahrhunderts das Schloß großzügig umbauen, die Jahreszahl 1909 im

Erkergiebel erinnert daran. Die Stilformen mit den zwei Binnen-
höfen wurden beibehalten. Ein gotisches Eingangstor schließt den
Vorhof zur Straße hin ab. Der Graf starb kinderlos am 29. April
1929. Sein Besitz ging an die fürstliche Linie Ysenburg-Büdingen-
Wächtersbach. In den 30er Jahren kaufte die Stadt Frankfurt das
Schloß und nutzte es als Schullandheim. Während des Zweiten
Weltkrieges war es Unterkunft für den Reichsarbeitsdienst. Nach
dem Zusammenbruch 1945 eine Zeitlang von den amerikanischen
Streitkräften beschlagnahmt, ist seit 1946 das Schloß ein Pflege-
heim der Inneren Mission Frankfurt.

Gründau-Gettenbach

Schloß Gettenbach

Am Rande des Büdinger Waldes liegt der Gründauer Ortsteil Gettenbach. Während der Ort erstmals 1338 urkundlich genannt wird,
findet das Forstdienstgut schon 1252 Erwähnung. Von den zwölf
reitenden Förstern des großen Waldgebietes hatte dort einer seinen Sitz.
Ende des 17. Jahrhunderts hatte man an dieser Stelle eine Glashütte eingerichtet, die in der Folge zu einer Eisenschmelze um-
funktioniert wurde. Die Grafen von Ysenburg-Meerholz nutzten
bei ihren Jagdaufenthalten den Forsthof als Herrensitz. In der Mitte des 19. Jahrhunderts errichtete Graf Carl zwischen 1841 und
1857 das sogenannte „Jagdschloß". Der rechtwinklige zweige-
schossige Bruchsteinbau mit Walmdach zeigt sich unverputzt in seiner ganzen Bescheidenheit. Nur ein aufgesetzter dreifenstriger
Giebel mit seinem achteckigen Dachreiter betont den Schloß-
charakter. Bis 1875 als Jagd- und Sommerquartier genutzt, wurde
dann daraus der Witwensitz für die Erbgräfin Marie, die bis 1909
darin lebte. Einige Jahre noch bewohnt von den Angehörigen der
gräflichen Familie, gelang das Schloß 1941 in den fürstlich Ysen-
burg-Büdingschen Besitz. In den 1920er Jahren konnte der Kreis
Gelnhausen darin sein Kinderheim unterbringen. Dann quartierte

Schloß Gettenbach, Gründau-Gettenbach

sich im Dritten Reich der weibliche Reichsarbeitsdienst dort ein. Nach 1945 zeitweise als Krankenhaus verwendet, befindet sich seit 1958 im Schloß das Kurerholungsheim des Jugendsozialwerkes Hessen.

Um den technischen Erfordernissen für die Betreuung der körperbehinderten Kinder gerecht zu werden, wurde 1967 ein zweigeschossiger Neubau errichtet. Für das neue Gebäude mit einer Gesamtgröße von 50 mal 13 Metern waren 1,2 Millionen Mark an Baukosten erforderlich.

Hanau

Stadtschloß Hanau

In den Bombennächten des 6. Januar und vor allem des 19. März 1945 versank die Innenstadt von Hanau in Schutt und Asche. Als der Zweite Weltkrieg vorüber war, standen vom ehemaligen Stadtschloß nur noch Ruinen. Bis auf den Marstall (jetzt Stadthalle) und dem Regierungsgebäude (jetzt Stadtbibliothek), die 1948 bis 53 wiederentstanden sind, wurden die letzten Zeugnisse einer für Hanau bedeutenden Ära zum Abbruch freigegeben.

Auf historischem Boden errichtete man eine Neubebauung, die in ihrer nüchternen Sachlichkeit den Stil dieser Zeit widerspiegelt. In den 50er Jahren wurde auf dem Gelände des Friedrichsbaues die Karl-Rehbein-Schule und des Fürstenbaues das Bürgerhaus gebaut.

Ursprünglich stand im Kinzigbogen eine Wasserburg, die, erstmals 1143 urkundlich erwähnt, als Stützpunkt staufischer Macht in der südlichen Wetterau entstanden ist. 1829 wurde sie abgebrochen. Kurfürst Wilhelm II. wollte ein neues Schloß bauen – das Projekt wurde nicht verwirklicht – und einen freien Blick in den Schloßpark haben. Von dieser ehemaligen Wasserburg ist wenig überliefert.

Zum Areal des Stadtschlosses gehörte das Regierungsgebäude. Graf Philipp Reinhard hatte es 1685 bis 1690 auf dem Gelände des alten Fronhofes neben dem gotischen „Wasserturm" errichten lassen. Es war das erste große Barockgebäude in Hanau und beherbergte während dieser Zeit die Konsistorien, Kanzlei und Ratsstube. Ein schönes Sandsteinportal mit dem Allianzwappen des Grafen und seiner Gemahlin, Gräfin Magdalena Claudina von Pfalz-Zweibrücken, und die Jahreszahl 1691 ziert die einfache, aber wohlproportionierte Fassade. Auf den Grafen Philipp Reinhard geht noch der Baubeginn des Marstalls zurück. 1712, nach seinem Tode, ließ Graf Johann Reinhard III. den 70 Meter langen und 20 Meter breiten Nutzbau weiterbauen und ein Jahr später vollenden. Das langgestreckte zweistöckige Gebäude mit seinen fünfzehn Fensterachsen wurde aus Basaltstein des Wilhelmsbader Steinbruchs gebaut. Ein Sandsteinportal an der Südseite zeigt Darstellungen von Stallgeräten. Noch während der Bauzeit des Marstalls begann Graf Johann Reinhard III. 1713 mit der Errichtung eines Nordflügels des neuen Stadtschlosses, dem sogenannten Fürstenbau. Ein prächtiges Schloßportal mit einer Altane führte in das Innere des neuen Gebäudes. Unter der Leitung des gräflichen Baumeisters Ludwig Christian Herrmann war 1714 dieser Flügelbau vollendet. Dem schloß sich 1763 als südwestlicher Erweiterungsanbau der Friedrichsbau an. In Hufeisenform bildete sein Hauptbau mit zwei kurzen Flügeln einen nach Westen hin offenen Hof. Drei Jahre später wurde aus den Höfen um die alte Wasserburg ein englischer Garten angelegt.

Nach dem deutschen Bruderkrieg 1866 war die gräfliche Linie Hessen-Philippsthal in den Besitz des Stadtschlosses gelangt. Sie

Ehemaliges Stadtschloß Hanau

veräußerte es 1890 einschließlich des Schloßparks für 323 000 Mark an die Stadt Hanau.

Das Hanauer Stadtschloß war künstlerisch kein wertvoller Bau. Weder im Grundriß noch in den Ansichten bot sich Bemerkenswertes. Und doch ist es bedauerlich, daß mit dem Abbruch ein Stück landesherrliche Identität der Stadt für immer verschwunden ist.

Die Hanauer Stadthalle, einst Marstall des Stadtschlosses

Hanau-Kesselstadt

Schloß Philippsruhe

Barocke Baufreude bewog Graf Philipp Reinhard (1664–1712) ein nach ihm benanntes Landschloß zu errichten. Am Mainufer sollte eine Sommerresidenz nach französischen Vorbildern entstehen. Nach vorausgegangenem Grundstückserwerb in Kesselstadt wurde 1701 mit dem Bau des Schloßgebäudes begonnen. Das Mainufer war bereits mit einer langgestreckten Stützmauer gegen das Hochwasser gesichert. Ebenfalls war 1696 nach dem Entwurf des Hofgärtners Max Daßmann der Park angelegt worden.

Graf Philipp Reinhard hatte für die Planung des Schloßbaues den Baumeister Julius Ludwig Rothweil gewinnen können. Dessen Entwurf sah zunächst nur den zweigeschossigen dreiflügeligen Hauptbau vor. Hinzu kamen zwei eingeschossige Flügelbauten und ab 1702 eine erweiterte Planung des Pariser Baumeisters Jacques Girard mit Eckpavillons. Ihm verdankt der Schloßbau auch die den beiden Seitenflügeln symmetrisch vorgelagerten Bauten des Marstalls und der Remise. Nachdem in den Jahren 1706 bis 1707 die Stuckarbeiten abgeschlossen waren, ging der Ausbau der prachtvollen Innenausstattung zügig voran. 1712 war das Schloß in seiner architektonischen Gestalt fertiggestellt und entsprach dem Repräsentationsbedürfnis seiner Zeit. Doch daran konnte sich der Erbauer, Graf Philipp Reinhard von Hanau, nur noch wenige Wochen erfreuen. Er starb am 4. Oktober 1712. Sein Nachfolger und Bruder – der letzte Graf von Hanau – ließ elf Jahre später einen eigenen Orangeriebau errichten und den Garten erweitern.

1736 fiel die Grafschaft und somit das Lustschloß an die Landgrafen von Hessen-Kassel. Kurzzeitig, 1743, während der Schlacht bei Dettingen, als Quartier und Lazarett für die englischen Truppen genutzt, dient es in der Folge zu Wohnzwecken. Während der Erbprinz Wilhelm von Hessen in den Jahren 1764 bis 1795 daraus seinen dauernden Wohnsitz machte, nutzte es sein Sohn ab 1797 lediglich zum gelegentlichen Aufenthalt.

In der napoleonischen Zeit stand das Schloß zwischen 1806 und 1813 leer. Danach diente es als Militärlazarett.

Hessen war Kurfürstentum geworden. Kurfürst Wilhelm I. ließ 1817 die am Schloß entstandenen Bauschäden ausbessern. Unter seinem Sohn Wilhelm II. erfolgte zwischen 1826 bis 1829 eine gründliche Renovierung. Hinzu kamen bauliche Umgestaltungen, wie die Hinzufügung von zwei neuen Wachhäusern und der Anbau eines Balkons zum Garten hin. Als der Kurfürst am 10. März 1831 zugunsten seines älteren Sohnes abdankte, wählte er Schloß Philippsruhe zum ständigen Wohnsitz.

Der deutsche Bruderkrieg 1866 – währenddessen das Schloß wiederum als Lazarett Verwendung fand – hatte Besitzveränderungen zur Folge. Der preußische Staat als Rechtsnachfolger des Kurfürstentums Hessen gab 1873 Schloß Philippsruhe an den Landgrafen von Hessen-Rumpenheim. Dieser ließ zwischen 1875 und 1880 das Schloß erweitern und renovieren. Die Pläne des Umbaus schuf der dänische Architekt Ferdinand Mehldahl. Aus die-

Schloß Philippsruhe, Hanau-Kesselstadt

ser Zeit stammt das untypische neubarocke Aussehen durch die Verbreiterung des Mittelflügels, der Vorbau eines hofseitigen Altans und Aufbau eines großen Mittelturmes.

Bis Ende des Ersten Weltkrieges 1918 bewohnte die landgräfliche Familie das Schloß. In den Jahren von 1919 bis zum Zweiten Weltkrieg war das Schloß zwar vollkommen eingerichtet, aber unbewohnt. 1943 rettete die Schloßverwaltung die kostbare Einrichtung nach Schloß Fasanerie in Eichenzell bei Fulda. Nach Kriegsende und dem Zusammenbruch des Dritten Reiches zogen amerikanische Besatzungsstreitkräfte in den Mittelbau. Die Seitenflügel standen ab Juli 1945 der Stadtverwaltung Hanau zur Verfügung. Diese erwarb Schloß Philippsruhe 1950 vom landgräflichen Vorbesitzer und nutzte es als Rathaus bis 1964. Nach Auszug der städtischen Verwaltung wurde in den Räumen das Historische Museum eingerichtet.

Weittragende Folgen für die kostbare Bausubstanz des Schlosses sollte ein Großbrand am 4. August 1984 haben. Das komplette Dachgeschoß mit der Kuppe und dem Uhrturm fiel den Flammen zum Opfer. Brand- und Wasserschäden hatten teilweise unwiederbringliche Zerstörungen in Millionenhöhe verursacht. Nach knapp zweieinhalbjähriger Bauzeit war Schloß Philippsruhe im Frühjahr 1987 wiederentstanden. Fast 15 Millionen Mark verschlangen die Sanierungs- und Rekonstruktionsarbeiten bis zum Tag der feierlichen Einweihung, dem 15. Februar 1987, um dem Schloß wieder sein altes Bild zu geben.

Schloß Philippsruhe nach einem Stich aus dem Jahr 1705

Hanau-Wilhelmsbad

Kuranlage Wilhelmsbad

„Wilhelmsbad, eine halbe Stunde von Hanau, behauptet von der Seite der Anmut unter Deutschlands Bädern wohl den ersten Rang". heißt es 1785 im Buch „Theorie der Gartenkunst" des C. C. L. Hirschfeld. Zu dieser Zeit stand der Badebetrieb in seiner vollsten Blüte.

Zwei Kräuterweiber hatten 1709 im Steinbruchgelände nordwestlich der Stadt Hanau einen Gesundbrunnen, auch „Guter Brunnen" genannt, entdeckt. Der baufreudige Erbprinz von Hessen-Kassel erkannte den Wert der Heilquelle und ließ im letzten Viertel des 18. Jahrhunderts eine nach ihm benannte Kur- und Badeanlage errichten. Am 28. August 1777 beauftragte er seinen Architekten Franz Ludwig von Cancrin, der sich bereits als Baumeister des Hanauer Stadttheaters einen Namen gemacht hatte, mit der Errichtung der noch heute als besterhaltenstes Beispiel einer Kurbadeanlage dieser Zeit in Deutschland. In Abwandlung des herkömmlichen barocken Schloßtyps wurde die aus einzelnen freistehenden Pavillons und zurückgesetzten Verbindungsbauten bestehende Gebäudegruppe entlang einer Parkpromenade aufgereiht. Ursprünglich war die Anlage symmetrisch auf dem aeskulap- und puttengeschmückten Brunnentempel ausgerichtet. Erst mit dem Umbau des gedeckten Wandelganges der ersten Konzeption zum jetzigen Hauptgebäude, dem Kurhaus mit Arkaden im Erdgeschoß, Pilastergliederung, Risaliten, Altanen und Mansarddach sowie der Anfügung eines vierten zweigeschossigen Pavillons für die jüdischen Badegäste an der Westseite ging diese Symmetrie verloren.

Nach eineinhalbjähriger Bauzeit fanden die ersten Gäste Entspannung und Erholung. Bereits 1778 hatte das Bad einen solchen Zuspruch, daß der Erbprinz die Erweiterung des Badeortes befahl, die 1781 mit dem Neubau des Komödienhauses ihren Abschluß fand. Um für die Kurzweil der Gäste zu sorgen, wurde das umliegende Gelände in einen großzügig angelegten Landschaftspark nach englischem Muster umgewandelt. Allerlei Attraktionen wie der Brunnentempel, das Karussell, der Schneckenberg, die

Kuranlage Wilhelmsbad bei Hanau

„Teufelsschlucht" mit schwankender Kettenbrücke und eine Kunstruine mit ebenfalls künstlich angelegtem Weiher dienten zum Vergnügen und zur Unterhaltung des Badepublikums.
Die Burgruine hatte sich der Erbprinz und spätere Landgraf Wilhelm IX. zwischen 1779 bis 1781 als Wohnung bauen lassen. Stilvoll eingerichtet diente sie dem Romantiker zur Beschwörung herrscherlicher Vergangenheit.
Fast ein Jahrhundert gehörte Wilhelmsbad zu den elegantesten und angesehensten Badeorten Deutschlands. Prominente Gäste, gekrönte und ungekrönte Häupter gaben sich ein Stelldichein. Glanzvollster Höhepunkt des Kurortes war der September 1818, als die Monarchen der Heiligen Allianz auf ihrer Reise nach Aachen für kurze Zeit Einkehr hielten.
In den 60er Jahren des vorigen Jahrhunderts wurde es still in Wilhelmsbad. Die von französischen Pächtern betriebene Spielbank wurde geschlossen. Für Theateraufführungen öffnete sich kein Vorhang mehr. Auch die Mineralquelle war versiegt. Wilhelmsbad geriet in Vergessenheit. Um dem drohenden Verfall Einhalt zu gebieten, bemüht sich seit etwa 1960 der Eigentümer – seit November 1948 wird die einzigartige Anlage von der Verwaltung der Staatlichen Schlösser und Gärten betreut –, das Land Hessen, um den Erhalt.
Beginnend mit der Restaurierung der Burgruine, des Karussells und vor allen Dingen des klassizistischen Comoedienhauses, in

dem die „Wilhelmsbader Produktion" des Hessischen Rundfunks stattfinden, sind entscheidende Schritte zur laufenden Renovierung und Restaurierung der sich in ihrer ursprünglichen Farbgebung zeigenden Kuranlage getan.

Als jüngste Attraktion wurde im August 1983 im Kurhaus ein Puppenmuseum eröffnet, dessen Kernbestand die bekannte Puppensammlung Rosemann bildet. Das einzigartige Hessische Puppenmuseum lockt alljährlich zahlreiche Besucher an und trägt zur Attraktivität der ehemaligen Kur- und Badeanlage bei.

Kunstruine Wilhelmsbad

Hanau-Steinheim

Schloß Steinheim

„Auf einer langgestreckten Höhe südlich von Hanau liegt gegenüber am linken Mainufer ein malerischer Ort, der in der Geschichte lange im verborgenen blieb, obgleich er wegen seiner Lage den Römern schon als Befestigung diente: das interessante Städtchen Steinheim.

Das den Flußrand überragende Basaltplateau war ganz dazu angetan, daß die Römer hier eine Übergangsstelle über den Main hatten, zumal die Felsenmassen, die bei Steinheim den quer durchziehen (sie heißen im Volksmund ‚die Lei'), für eine Furt oder Brücke wie geschaffen waren. Alemannen und Franken mögen die verlassene römische Niederlassung bezogen haben. Zur Zeit der Karolinger soll sich ein königlicher Hof in Steinheim befunden haben, auf dem die Schwester Karls d. Gr., Ida, wohnte (1222 wird castrum Steinheim erstmals genannt als Besitz des Rittergeschlechts der Eppsteiner). Zuverlässige Nachrichten bringt 1294 eine Urkunde des Erzbischofs von Mainz, durch die der kirchliche Verband des Ortes mit der Abtei Seligenstadt vollzogen wurde."

So beschreibt der Frankfurter Burgenforscher Siegfried Nassauer zu Anfang unseres Jahrhunderts die örtliche Lage der Stadt und des Schlosses Steinheim am Main.

Die romanische Felsenburg stammte wohl aus dem Ende des 12. Jahrhunderts. Spätromanische Blattkapitelle belegen eine bauliche Erneuerung in der ersten Hälfte des 13. Jahrhunderts. Die Herren von Eppstein veräußerten 1425 ihren Besitz aus Burg und Stadt Steinheim an den Erzbischof Konrad III. von Mainz für 38 000 Rheinische Gulden. In der Folge blieb Steinheim fast 400 Jahre bis 1802 kurmainzisch. Erzbischof Konrad ließ die bollwerkartig aus dem Stadtmauerring vorspringende Burganlage zu einem prachtvollen Schloß umbauen. Zwischen 1426 und 1431 erhöhte und erweiterte er die Gebäudeflügel. Quergiebel, spitze Türmchen und ein überdachter Gang zum Bergfried gaben der Anlage ein typisch gotisches Aussehen.

Unter dem baufreudigen Kurfürst Erzbischof Daniel Brendel von Homburg wurde 1572 das westliche Renaissanceportal mit Wendeltreppe ange-

Portal mit Wappenstein des Kurfürst Erzbischofs Daniel Brendel von Homburg 1572

fügt. Der an der Angriffsseite über einem tiefen Graben errichtete Bergfried beherrscht mit seinem Steinhelm und den vier vorragenden Ecktürmchen die Stadtsilhouette und die Mainlandschaft. 36 Meter hoch wurde er um 1430 auf älterem Fundament errichtet. Der aus zwei gewinkelten Flügeln bestehende Wohnbau, dessen Fachwerkoberbau zwischen 1784 und 1788 infolge vorangegangener Kriegsschäden abgetragen worden war, ließ Großherzog Ludwig I. für seinen Sohn Prinz Georg 1804 wohnlich erneuern. Der verstümmelte Bau, zu dem auch bis 1795 ein vorspringender Ost-

Schloß Steinheim, Hanau-Steinheim

flügel mit Kapelle gehörte, wurde unter Vorblendung einer dem Main zugekehrten klassizistischen Fassade hergerichtet.
Seit Vollendung dieser Arbeiten um 1812 hat das Schloß seine jetzige Gestalt. Zur Schloßanlage gehört auch ein seitlich liegender spätgotischer Marstall und ein kleiner Ziehbrunnen im Bereich der Vorburg aus dem Jahr 1564.
1974 wurde die Stadt Steinheim in die Stadt Hanau eingegliedert. Vier Jahre später erwarb diese vom Land Hessen das Schloß zu einem symbolischen Preis und baute das darin befindliche Museum, dessen Ursprung auf die heimatkundliche Sammlung des 1956 verstorbenen Ehrenbürgers Rektor Albert Reuß zurückgeht, um. Die Wiedereröffnung fand 1986 statt.

Joßgrund-Burgjoß

Burgjoß

In den „Unteren Auwiesen", eines zur Erholungsanlage ausgebauten Grüngürtels an der Jossa, liegt direkt an der Straße nach Bad Orb die Burg, nach der die Spessartgemeinde benannt ist.

Als Grundeigentum gehörte der Ort seit Mitte des 9. Jahrhunderts zum Kloster Fulda. Nachweisbare Lehensnehmer des Ortes mit Burg und Gericht waren von 1176 bis 1357 die von Jossa. Das Geschlecht bewohnte die von Fulda erbaute ehemalige Wasserburg. Die hufeisenförmige Anlage der Ringmauer schließt an einen halbkreisförmigen schildmauerartigen Turm an, der noch romanisches Quadermauerwerk zeigt. Nach verschiedenen Besitzverhältnissen waren die von Hutten bis 1540 die Herren auf Burgjoß. Im gleichen Jahr von Kurmainz erworben, bot sich die Anlage als Dienstsitz des Amtskellers an. Mainz ließ den vier Meter dicken halbrunden Turm aufstocken und mit einem Segmentgiebel versehen. Wenig später errichtete der baufreudige Kurfürst Erzbischof Daniel Brendel von Homburg (1555–1582) zur Straße hin das rechteckige 20 Meter lange Herrenhaus.

Burgjoß, Joßgrund-Burgjoß

Bedingt durch den feuchten Untergrund, steht der Keller sehr hoch über dem Straßenniveau, was dem dreigeschossigen Gebäude mit seinem steilen Satteldach ein wuchtiges Aussehen verleiht. Ein runder Treppenturm im Stil der Zeit mit Haubenhelm und äußerer Freitreppe erschließt das Gebäude. Über dem Portal hat sich der Bauherr mit seinem Wappen und der Jahreszahl 1573 verewigt.

In staatlichem Besitz und schon seit dem beginnenden 19. Jahrhundert als Forstdienstsitz genutzt, hat die Burganlage wohlbehalten die Zeit überdauert.

Wappenstein Kurfürst Erzbischof Daniel Brendel von Homburg 1573

Joßgrund-Lettgenbrunn

Burgruine Beilstein

Zwischen Villbach und Lettgenbrunn erhebt sich ein 500 Meter hohe kleine, steile Bergkuppe, die Beilstein genannt wird. Der Name entwickelte sich aus der älteren Fassung „bilstein", was so viel wie „gespaltener Stein" bedeutet. Ursächlich wird die Struktur der Gegend zur Namensgebung verholfen haben. Auf der Bergklippe befand sich im ausgehenden Mittelalter eine Burg. 1343 wird sie erstmals urkundlich erwähnt, als Erzbischof Heinrich von Mainz den Fritz von Forstmeister als Erbburgmann annimmt. Drei Jahre später verpfändet Mainz die Burg an die Herren von Forstmeister, von Thüngen und Hoelin, die 1359 als Entgelt für ihr Burgwächteramt die Einkünfte aus einer Glashütte erhalten. Die schriftlichen Zeugnisse schweigen sich aus über die Erbauer der Burg und über die Zeitangabe ihrer Zerstörung. Auf einer Karte des Jahres 1847 ist sie als Ruine mit einer spitzwinklig verlaufenden Ummauerung wiedergegeben. Heimatforscher wie Bickell und Schenk von Schweinsberg haben sich um die Jahrhundertwende mit den Resten der einstmals umfangreichen Ringmauer beschäftigt, ohne einen Aufschluß über das tatsächliche Ausmaß der Burganlage zu finden. Zu dieser Zeit befand sich am Fuß des Berges ein bedeutender Basaltsteinbruch.

Burgruine Beilstein, Joßgrund-Lettgenbrunn

Langenselbold

Schloß Langenselbold

In der Stadtmitte liegt gegenüber der Kirche das Isenburger Schloß. Stilgleich mit dieser, wird vermutet, daß sowohl die Schloßkirche – sie entstand 1727 bis 1735 – als auch die Schloßanlage in einem Zuge geplant war. Wolfgang Ernst von Isenburg, der

Schloß Langenselbold

1719 in den Besitz des Ortes Langenselbold gelangte, begann alsbald mit dem Bau des Schlosses auf dem Gelände des ehemaligen und schon im 16. Jahrhundert aufgelassenen Selbolder Klosters. Neuere Forschungen erhärten, die Bauzeit über ein Viertel-
jahrhundert. Während von 1722 bis 1726 die Wirtschaftsgebäude
mit dem Fruchtbau errichtet wurden, entstand der Wohnflügel erst
ab 1749. Er war etwa 1753 bezugsfertig. Die Schloßanlage gliedert
sich um eine frühere barocke Gartenanlage mit Springbrunnen,
deren ursprüngliche Gestalt kaum noch ablesbar ist. Für die Planung zeichnete der Hanauer Baumeister Ludwig Christian Herrmann verantwortlich. Symmetrisch hatte er um eine zirka
127 × 95 Meter große Parkanlage diese aus sechs Gebäuden bestehende Gruppe angeordnet. Im Osten, Süden und Westen von
eingeschossigen Wirtschaftsgebäuden eingegrenzt, bilden die
mehrgeschossigen Hauptbauten, der Fruchtbau und herrschaftliche Wohnflügel den nördlichen Abschluß zur Straße hin. Sämtli-
che Gebäude sind aus rötlich-braunem Buntsandsteinmauerwerk
geschaffen. Die Wirtschaftsgebäude, früher mal als Scheunen,
Ställe und Wohnungen verwendet, sind seit dem Erwerb der ge-
samten Schloßanlage durch die Gemeinde Langenselbold in 1976
vielfach umgenutzt. Aus dem Dragonerbau entstand ein Gemein-
schaftshaus, die Klosterberghalle mit Restaurant „Dragonerbau".
Die westliche Herrenscheune dient dem Heimat- und Geschichtsverein als Vereinsheim und Museum.

In den Besitz des vormaligen Fruchtbaues war die Gemeinde schon 1940 gelangt und hatte dorthin ihr Rathaus verlegt. Lediglich der herrschaftliche Wohnbau hat kaum Veränderungen erfahren. An diesem zweigeschossigen Bau mit seinen elf Fensterachsen und dem Mansarddach ist noch der ursprüngliche Entwurf des Architekten zu sehen. Gegliedert wird das Gebäude durch die Hervorhebung der Ecken mittels genuteter Sandsteinblöcke. Eine Mittelbetonung von drei Fensterachsen durch vertikale Sandsteinbänder und ein umlaufendes Gesims sind eine weitere Vervollständigung. Flankierende Pilaster und ein vorspringendes Gesims mit Schlußstein des Türgewändes unterstreichen weiterhin den schlichten spätbarocken Stil des Hauses. Auch die einfache und klare Aufteilung des Gebäudeinneren hat die Jahrhunderte überdauert, wozu die Stukkaturen des Marmorsaales im Erdgeschoß einer besonderen Erwähnung würdig sind.

Maintal-Wachenbuchen

Burgruine Buchen

„An der Burg" heißt ein Naturschutzgebiet südöstlich von Wachenbuchen. Als Waldstück mit einem kleinen Hügel ist es in der Landschaft erkennbar. Wie der Name des Flurstückes besagt, soll dort die Burg der Ritterfamilie von Buchen gestanden haben. Wahrscheinlich waren sie mainzische Lehensnehmer. Hatte doch 1059 der Kaiser seinen dortigen Besitz dem Erzstift Mainz überlassen. Die Ritter von Buchen sind zwischen 1122 bis 1175 bezeugt. Mitte des 13. Jahrhunderts waren sie wohl nicht mehr Bewohner der Burg, denn sie werden in ihrer Ersterwähnung am 26. September 1251 nicht genannt. Vielmehr lassen deren Burgmannen den Frankfurter Reichsschultheißen siegeln, was als Schlußfolgerung heißt, diese waren Reichsburgmannen.

Das Geschlecht von Buchen lebte in unserem Raum als gesonderter Zweig fort. Arnold (1258), Friedrich (1264), Heinrich (1262) und Konrad (1237) finden Erwähnung. Es scheint mit Philipp, Amtmann zu Petterweil, 1490 ausgestorben zu sein. Über die Burg selbst ist wenig bekannt. Die geringen Reste sind nicht ergraben. Heimatforscher nehmen an, es handelte sich um eine von breiten Schutzgraben umgebene Wasserburg. Ob sie zerstört wurde – zum Beispiel im 1388/89 stattgefundenen Städtekrieg zwischen

Hanau und Frankfurt – oder verfiel, darüber sind keine schriftlichen Quellen vorhanden. Schlereth vermutet sogar, es könne sich um die Reste des Sitzes der niederadligen Familie von Kensheim handeln, der um 1168 unbewohnt gewesen sei und verfiel.

Nidderau-Erbstadt

Schloß Naumburg

Auf einer bewaldeten Anhöhe liegt südlich des Nidderauer Stadtteiles Erbstadt Schloß Naumburg. Bescheiden steht es hinter einem 1754 geschaffenen Barockportal inmitten eines Parks. Nichts deutet mehr darauf hin, daß dort ein bereits 1035 erwähntes Benediktinerkloster stand. Diese wohl schon früher gegründete Propstei geht wohl auf eine Dynastenburg zurück. 1086 schenkte sie Kaiser Heinrich IV. dem Bischof von Speyer. Dieser übertrug das weitabgelegene arme Kloster der Abtei Limburg an der Hardt. Nur wenige Mönche fristeten dort ihr Dasein. Mit dem religiösen Niedergang des ausgehenden Mittelalters ging auch ein rascher Verfall des Klosters einher. 1504 eingeäschert, erfolgte 1505 ein Neuaufbau. Dem Einfluß der lutherischen Lehre folgend, traten

Schloß Naumburg, Nidderau-Erbstadt

Schlußstein mit Monogramm GL 1750

die Mönche aus dem Kloster aus, so daß im Jahr 1558 außer dem Propst nur noch ein Mönch dort lebte. Es war die Zeit, als verschiedene benachbarte Grafen Besitzansprüche geltend machten. Nach dem Tod des letzten Abtes erwarben 1561 die Herren von Hanau die Klostergebäude und den Landbesitz für 18 000 Gulden. Die dadurch entstandenen nachbarschaftlichen Spannungen führten zur sogenannten Naumburger Fehde 1564–1569.

Hanau veränderte die einstmals vorhandene dreischiffige Basilika mit abseits stehender Kapelle. 1643 gab Hanau die Naumburg an Hessen-Kassel. Aus diesem Hause stammte Prinz Georg, der 1750 die alten Gebäude aus klösterlicher Zeit abbrechen ließ und auf den noch vorhandenen Fundamenten ein Schloß errichtete. Das heutige Aussehen erhielt dieses anläßlich einer Wiederherstellung im Jahre 1828.

1866 kam Schloß Naumburg an den preußischen Staat, der es an die Gemeinde Erbstadt weiterverkaufte. Ab 1882 folgten weitere Wechselbesitzverhältnisse, bis hin zum Frankfurter Trifels Verlag. Im Dritten Reich ab 1934 als Landjahrlager genutzt, wurde dann ein Erholungsheim für Künstler eingerichtet. Von 1944 bis Kriegsende von der Hitler-Jugend gemietet, war in der Folge ein Jugenderholungsheim und eine Alterspflegestätte der Caritas darin untergebracht. Am 1. Juli 1973 erwarb der Bund Freikirchlicher Pfingstgemeinden in Deutschland Schloß Naumburg und nutzt es als Tagungs- und Begegnungsstätte.

Nidderau-Heldenbergen

Oberburg

Das älteste Gebäude in Nidderau-Heldenbergen ist die Oberburg. Sie liegt kaum einsehbar hinter altem Baumbestand, dort, wo sich die Bundesstraßen 45 und 521 für einige hundert Meter vereinigen. Über ihre Entstehungsgeschichte ist wenig bekannt, doch soll sie auf den Resten des unter Kaiser Domitian (81–96 n. Chr.) errichteten Römerkastells stehen. Ihre ältesten Besitzer dürften die aus dem Geschlecht „de Heldenbergen" gewesen sein, die als Burgmannen von Friedberg, Windecken und Hanau wiederzufinden sind. Der Ersterwähnte ist 1172 ein Giselbert de Heldenbergen. 1370 gelangte die Burg in den Besitz der Herren von Stockheim. Als nach über zweihundertjährigem Familienbesitz mit Heinrich Wilhelm 1614 das Geschlecht im Mannesstamm ausstirbt, werden die von Hattstein Eigner des Anwesens. Der Wechselbesitz setzte sich fort. 1768 wird Major Heinrich Franz Damian Freiherr von Guttenberg Eigentümer der Burg. Er verpfändete sie

Wappenstein der Grafen von Rohde

an die mittelrheinische Ritterschaft, die das Gut 1778 an den Höchster Johann Maximilian Freiherr von Günderode für insgesamt 31 500 Gulden verkaufte. Wenige Jahre später, 1794, erwarb Jakob Friedrich von Rohde die Oberburg für 38 300 Gulden. Der neue Besitzer ließ 1803 an den Nordflügel eine Hauskapelle mit Türmchen anbauen und stellte sie der evangelischen Kirchengemeinde für den Sonntagsgottesdienst zur Verfügung. Ihm verdankte der Park „einen geschmackvollen Gartensalon mit Roket(Stein)einfassung, Solitude genannt", der nicht mehr vorhanden ist. Eine

Oberburg, Nidderau-Heldenbergen

schon 1811 beabsichtigte Weiterveräußerung des Besitzes gibt
der örtlichen Geschichtsforschung eine genaue Grund- und Ver-
mögensaufstellung mit einem Gesamtwert von 70 000 Gulden.
Zu dieser Zeit und in der Folge „Rohdenburg" bezeichnet, erhielt
sie erst ihren ursprünglichen Namen wieder zurück, als 1886 der
großherzogliche Kammerherr Hugo Freiherr von Leonhardi die
Oberburg erwarb. Seit dieser Zeit ist die Burg in Besitz der frei-
herrlichen Familie.
Beim sogenannten Schloß handelt es sich um eine schlichte hufeisenförmige Anlage aus dem 17. und 18. Jahrhundert mit großem
Parkgelände und einem Torbau der Vorburg von 1702, der noch
Renaissance-Architekturteile zeigt. Der baulich unverändert ge-
bliebene Schloßpark wurde lediglich 1930 durch den Bau des Hauses Helbringen im Randbereich umgenutzt.

Nidderau-Windecken

Burg Windecken

Das besondere Merkmal der mittelalterlichen Stadt Windecken sind die Reste der Wehranlage. Schon 1260, als die Herren von Hanau in den Besitz von Windecken kamen, muß eine Vorgängerburg vorhanden gewesen sein. Die strategisch günstige Ortslage am Niddaübergang nutzte Graf Reinhard I. und errichtete eine neue Höhenburg. Um 1262 wird sie fertiggestellt worden sein. Ab dieser Zeit bis 1436 residierten die Herren von Hanau in Windekken. Sie setzten Burgmannen aus angesehenen Adels- und Ritterfamilien zur Verwaltung ihres Besitzes ein.

Burg Wonnecke, so wurde sie genannt, verhalf der darunter liegenden Ansiedlung zu ihrem Namen. Häufig weilte die Familie der Hanauer auf Burg Windecken. 1612 wurde sie Witwensitz der Gräfin Catharina Belgica aus dem Hause Oranien. Jahrhundertelang unterlag die Burg baulichen Veränderungen. Davon erhalten sind das Innentor mit zwei Rundtürmchen auf Konsolen aus der ersten Hälfte des 16. Jahrhunderts und das Außentor von 1592.

Burg Windecken, Nidderau-Windecken

Detailausschnitt einer eisernen Ofenplatte um 1629 mit Burg Windecken

Selbst im Dreißigjährigen Krieg wurden zwischen 1627 und 1629 auf dem Schloß Neubauten vorgenommen. Eine zeitgenössische Ansicht ist überliefert. Der Frankfurter Kupferstecher Merian nennt sie „ein fein Schloß, lustig anzusehen".

Doch sechs Jahre später sollte alle Herrlichkeit in Schutt und Asche versinken. Die Kroaten plünderten und zerstörten das Schloß am 16. Mai 1635, und was davon übriggeblieben war, vernichtete das schwedische Regiment Schmidberger am 27. November 1646 vollends. Restzeugnis ist eine noch beeindruckende Mauerumwehrung, die zeitweise 1,75 Meter dick und bis zu 12 Meter hoch ist. Auf den aus dem Mittelalter stammenden Grundmauern wurde in der Mitte des 18. Jahrhunderts ein Wohnbau errichtet, der bis vor einigen Jahren als Amtsgericht diente. Heute in Privatbesitz, ist der jetzige Eigner bemüht, die historischen Zeugnisse zu erhalten.

Niederdorfelden

Burgruine Dorfelden

An der Nidder bei Niederdorfelden liegt eine der Stammburgen der Herren von Hanau. Noch ansehnliche Mauerreste erheben sich auf einem künstlich aufgeworfenen Hügel inmitten des was-

Burgruine Dorfelden, Niederdorfelden

serreichen Wiesengeländes mit dem deutlich erkennbaren Wassergraben. Ihn speiste einst ein Nebenarm der Nidder. Die Inselwehrburg gehörte seit 1234 den Herren von Hanau, die sich schon 1166 nach ihr „de Torvelde" nannten.

1266 war ein Philipp von Falkenstein Mitbesitzer eines halben Anteils der Burg. Diesen trat er an das Kloster Fulda zu Lehen ab. Erst 22 Jahre später waren die Hanauer im Vollbesitz der Stammburg. Sie setzten Burgmänner ein, auf die der Name von Dorfelden überging.

Eine gewisse Bedeutung hatte die Burg zur Zeit einer Kaiserwahl, als sie vom Kurfürsten von Sachsen zur Residenz während der Wahlzeit bestimmt wurde. Für dieses 1333 aufgetragene Lehen zahlte Kursachsen an Ulrich II. (1306–1346) von Hanau 240 Schock böhmische Groschen.

Ein Grundriß aus dem Ende des 16. Jahrhunderts läßt die charakteristischen Merkmale der hochmittelalterlichen Talburg erkennen. Ein ziemlich breiter Wassergraben umgibt den Burghügel, auf dem die kleine Burg mit einer starken Mauer, einem Rundturm und einem wohl nach innen offenen Rondell liegt. Die Burgmauer war durch eine schwächere Mauer, die den sogenannten Zwinger umschloß, gedeckt. Nur wenige Gebäude standen in dem verhältnismäßig kleinen Burgbezirk; ein Wohnhaus, an das sich ein Viehstall anschloß, während Pferdestall und Schweineställe in der Nähe des Burgturms untergebracht waren. Im Jahr 1756 waren außer den verfallenen Burgmauern noch ein Haus und einige Gebäudereste erhalten. Heute sind nur noch die Überreste der Burgmauer und die des mit Buckelquadern versehenen Rundturms vorhanden. Über kriegerische Ereignisse, die zum Verfall der Burg führten, ist nichts bekannt. So ist anzunehmen, daß sie im Laufe der Zeit verfiel. Für den baulichen Unterhalt der Stammburg, die durch zahlreiche Erbteilungen in die verschiedensten Hände, und 1866 in die des Landgrafen von Hessen-Rumpenheim, gelangte, war anscheinend kein Geld vorhanden. Zumal auch die Verwaltung des Besitzes seit der Renaissancezeit von dem zur Burg gehörenden ehemals befestigten Junkerhof mit seinem barocken Torbau und dem hofseitigen Treppenturm aus erfolgte.

Junkernhof Niederdorfelden

Bad Orb

Burg Orb

Der historisch gewachsene Ortskern von Bad Orb wird weithin sichtbar von der St. Martinskirche und der danebenliegenden Burg überragt. Hierbei handelt es sich um die baulichen Reste einer der Stadtburgen, die die Adelsfamilien innerhalb der Stadtmauern besaßen. Im Nordwesten der Stadt an höchster Stelle ge-

Burg an der Martinskirche in Bad Orb

legen, soll die Burg schon 1064, als Kaiser Heinrich IV. seinen dortigen Besitz dem Mainzer Erzbischof Siegfried zum Geschenk machte, gestanden haben. Mauerteile aus staufischer Zeit sprechen dafür. Im ausgehenden Mittelalter hatten die Ritter von Milchling, genannt Schutzbar, den Burgsitz zu eigen. Aus einem Wehrturm, einem Herrenhaus, der Kapelle, den notwendigen Nebengebäuden und einer Mühle bestehend, bestimmte die Anlage in diesem Bereich den Lauf der Ende des 13. Jahrhunderts vollendeten Stadtbefestigung. Aus weiterem Wechselbesitz erwarb 1621 Kurmainz die Burg für 575 Gulden. Aus dem Herrenhaus wurde ein Fruchtspeicher. Zu dieser Zeit entstand die Zehntscheune. Die Mühle wurde 1799 abgetragen und an gleicher Stelle ein neues Kellereigebäude errichtet. 1865 kaufte die Hanauer Firma Oldenkott das Burggebäude und nutzte es um zu einer Zigarrenfabrik. Während diesen Jahren wurden tiefgreifende bauliche Veränderungen vorgenommen. Hochformatige Fensteröffnungen ersetzten romanische Lichtarkaden. Ein Treppen- und Schuppenanbau verunstaltete die Giebelseiten.

1935 gelangte die Stadt Bad Orb in den Besitz der Burg. Eine geplante Restaurierung machte der Zweite Weltkrieg zunichte. In den letzten Jahren als Jugendzentrum verwendet, wurde das mehrgeschossige Gebäude 1987/88 von Grund auf saniert. Über vier Millionen Mark haben diese Baumaßnahmen gekostet. Ein vorgesetzter moderner Treppenhausturm mit Fahrstuhl erschließt das Gebäude. Das Heimatmuseum mit seinen Schwerpunkten zur Stadt-, Kirchen- und Salinengeschichte nutzt den historischen Teil der Burg und stellt in Anbindung an die 1981/82 umgestaltete Zehntscheune, heute „Haus des Gastes", einen kulturellen Mittelpunkt der Kurstadt dar.

Ronneburg

Ronneburg

Dort, wo die Mainebene in das Büdinger Land übergeht, erhebt sich weithin sichtbar auf einer steilen Basaltkuppe die Ronneburg. Als typische Sicherungsburg diente sie wohl zur Überwachung der in unmittelbarer Nähe verlaufenden Hohen Straße und des Besitzes derer von Hohenlohe-Braunceck, der Erben der Herren von Büdingen. Sie wird im Jahre 1231 erstmals urkundlich erwähnt. Durch Ankauf erwarb 1313 das Erzbistum Mainz „castrum

Ronneburg, Südansicht

Ronneburg" und besetzte die Burg anfänglich mit Burgmannen. Später an verschiedene Adelsgeschlechter verpfändet, gelangte sie 1476 in die Hände des Grafen Ludwig II. zu Ysenburg-Büdingen. Seitdem ist die Burg im Besitz des Hauses Ysenburg. Graf Anton (1501–1560) nahm auf der Ronneburg seinen dauernden Wohnsitz. Er und sein dritter Sohn Heinrich (1537–1601) bauten sie zu einem Renaissanceschloß um. Viele bauliche Zeugnisse, Wappen, Inschrifttafeln und Jahreszahlen erinnern an ihre Baufreudigkeit. Mit dem Ableben des Grafen Heinrich 1601 erlischt die Ronneburger Linie des Hauses Ysenburg. Die Burg blieb noch eine Zeitlang Witwensitz.

Nach weiterem Besitzwechsel innerhalb der verschiedenen Linien des Hauses Ysenburg sind seit Beginn des 18. Jahrhunderts die Grafen von Ysenburg-Wächtersbach ihre Eigner. Die gräfliche Familie verzichtete auf einen Wohnsitz in der Burg und vermietete diese 1736 an konfessionelle Minderheiten wie Separatisten und Inspirierte, die eine Woll- und Strumpffabrik dort eröffneten. Auf deren Veranlassung kam 1736 auch Graf Zinzendorf, der Gründer der Herrnhuter Brüdergemeinde, auf die Burg. Aus seinem und dem religiösen Wirken seiner Frau entwickelte sich ihre Niederlassung Herrnhaag, die bis 1885, als der letzte Bewohner starb, Bestand hatte.

Im 19. Jahrhundert wurde für den baulichen Erhalt der Ronneburg kaum etwas getan, so daß diese 1894 aus Sicherheitsgründen ge-

schlossen werden mußte. Die Wanderbewegung der Jahrhundertwende entdeckten die Burg neu. Sie fanden bei Fürst Friedrich
Wilhelm zu Ysenburg-Wächtersbach ein am Erhalt des Besitzes
interessierten Förderer, der die notwendigen Sanierungsarbeiten
veranlaßte. Bereits 1905 konnte die Burg wieder der Öffentlichkeit
zugänglich gemacht werden. Immer mehr entwickelte sich die
Ronneburg seitdem zu einem beliebten Wander- und Ausflugs-
ziel. Ein Burgmuseum mit Exponaten aus den verschiedensten
Sammelgebieten und ein stilvoll eingerichtetes Burgrestaurant
tragen zur Attraktivität der alten Burgfeste bei.

Der Aufstieg von Altwiedermus oder gar vom „Fuchsgraben" aus
ist steil und führt um die hohe Burgmauer der West- oder Südseite
herum, da der Haupteingang mit dem eisenbeschlagenen Burgtor
an der Ostseite liegt. Nach dem Eintritt in den Vorraum der Burg,
den Zwinger, sieht man links an der Burgmauer die Reste von Gebäuden, von denen 1634 zwei Viehställe, ein Keller, ein Viehsied-
haus, ein Schlachthaus, Schweineställe, auch zwei Ställe für je 30
Pferde der Reisigen und das tiefe Burgverließ genannt werden.
Westlich davon lag der Marstall für etwa 20 Pferde, in dem sich
jetzt die Wirtschaftsräume befinden.

Der Weg zur eigentlichen Kernburg, die wiederum aus einem Vorwerk und dem unteren und oberen Burghof mit den sie umschlie-

Allianzwappen Grafen zu Ysenburg und zu Gleichen-Tonna

Innenhof mit Turm

ßenden Bauten besteht, führt gleich vom Haupttor bergan. In dem mittleren der drei Torgewölbe, die zum Vorwerk führen, liegt der Eingang zur Brunnenkammer. Der über 84 Meter tiefe Burgbrunnen hat klares Wasser, das früher durch ein großes Tretrad mit Seil und Eimer heraufbefördert wurde. In dem unteren Burghof steht das Amtshaus, in dem die Verwaltung des ehemaligen „Amtes Ronneburg" untergebracht war.

Der obere oder innere Burghof birgt jetzt noch die meisten Sehenswürdigkeiten. Hier ist der Eingang zum Bergfried, auf den eine 165stufige Treppe führt. Eine herrliche Aussicht über die Dörfer, Felder, Fluren und Wälder der östlichen Wetterau lohnt den Aufstieg.

An der Südseite des Hofes liegt der Palas mit dem Rittersaal, der durch sein schönes Spitzbogengewölbe und seinen traulichen Erker eine Zierde der Burg bildet. Die vielen anderen Stuben und Kammern „für die Graven und Jungkherrn, die Kemenaten für die Frauenzimmer und Gaden für die Dienerinnen" waren durch die Burgbewohner des vorigen Jahrhunderts zerstört worden und konnten erst durch umfangreiche Restaurierungsarbeiten wiederhergestellt werden. Auch heute noch sind hohe Kosten für den weiteren Ausbau und die Unterhaltung der Burg erforderlich. Doch sind alljährlich gute Fortschritte zu verzeichnen. Burg und Burghof dienen ständig der Naherholung und für kulturelle Veranstaltungen.

Schlüchtern

Lautersches Schlößchen

In der Schloßstraße steht gegenüber der neuen Stadthalle in einer kleinen Grünanlage das älteste Profangebäude der Stadt. An gleicher Stelle hat bereits 1338 ein Steinhaus gestanden. Dabei handelte es sich um das Trimbergsche Hofgut. 1362 erhielt Sanne, die Witwe Hermanns von Schlüchtern, diesen klösterlichen Vogthof von Konrad von Trimberg zu Lehen. Um 1440 kam es in den Besitz des Hans von Lautern. Dieser ließ seinen Lehensitz umbauen und erweitern. Über zweihundert Jahre adliges Herrenhaus, erinnert noch heute ein gotisches und ein Barockwappen an das Lautersche Geschlecht. Die Inschrift des Barockwappens lautet:
„Im Jahre 1675 habe ich, Hans Ernst von Lauter, hochfürstlich bambergischer Rat, Oberschultheiß, auch Amtmann zu Höchstadt und Wachenroth, der ich mit meinen ehelichen Leibserben von der alten Lauterschen Linie noch am Leben, dies Schloß, so im Kriege beschädigt wurde, meinen Kindern in Hessen wieder aufbauen lassen."
1688 wurde das Schlößchen an die von Dehn-Rothfelser verkauft. Weitere Besitzer waren 1798 der Salzverwalter W. Stickel und 1819 Dr. Moritz Zinkhan. Letzterer hatte es zum Preis von 4500 Gulden erworben. 1902 wurde es Eigentum der Stadt Schlüchtern. Bauliche Veränderungen wurden notwendig zwecks Nutzung des Obergeschosses als Dienstwohnung des Bürgermeisters. Das Erdgeschoß nahm die Weitzelbibliothek auf. Mit dem Ende des Zweiten Weltkrieges besetzte die amerikanische Besatzungs-

Lauterschlößchen „Bergwinkelmuseum" Schlüchtern

macht das Schlößchen. 1947/48 diente es als Sitz der Spruchkammer zur Entnazifizierung ehemaliger Parteigenossen. Auch befand sich bis 1951 darin das Geschäftszimmer der Europäischen Akademie. Die Bibliothek des Amerika-Hauses war gleichfalls im Schlößchen untergebracht.

1970/71 umgebaut, trägt es ab dieser Zeit den Beinamen „Bergwinkelmuseum". Zahlreiche Gegenstände, die noch aus der Sammeltätigkeit des 1908 gegründeten Vereins für „Heimatkunde und Heimatpflege im Kreis Schlüchtern" stammen, konnten der Öffentlichkeit wieder zugänglich gemacht werden. Moderne Museumskonzeption machte jedoch einen totalen Umbau erforderlich. Nach vierjähriger Planungs- und Bauzeit konnte am 24. April 1982 das neue Bergwinkelmuseum der Allgemeinheit übergeben werden. 1,25 Millionen Mark waren verbaut worden und hatten das dreigeschossige Gebäude mit seinem steilen Giebeldach im Inneren grundlegend verändert. Das historische Äußere mit den alten Fenstergewänden, der Renaissancepforte und der Eckquaderung blieben unverändert.

Wasserburg Schlüchtern

Das Eckgebäude Unter den Linden/Wassergasse fällt nicht nur durch seine Größe, sondern auch durch seinen massiven Sandsteinunterbau ins Auge. Auch als Gaststätte „Eckelbäcker" hat es durch das weithin sichtbare Emblem eines „Königlichen Hofbäkkers" eine gewisse Tradition in der Stadt, wenn auch erst in neuerer Zeit.

Beim Erdgeschoß handelt es sich um die baulichen Reste eines dem 16. Jahrhunderts zugeschriebenen Gebäudes, dessen Renaissanceerker im letzten Jahrhundert entfernt wurde. Zeitgleich dürften auch die beiden Fachwerkobergeschosse errichtet worden sein. Mehrere schmale, heute leider vermauerte Fensteröffnungen lassen diesen Schluß zu. In der Heimatforschung wird es als der Wohnsitz der Herren von Schlüchtern genannt. Da in früheren Zeiten sowohl der Elmbach als auch der Mühlgraben das Haus umflossen, soll es eine Wasserburg gewesen sein. Die Herren von Schlüchtern, die als Wappen in rotem Feld ein silbernes zweigeteiltes Fenster führten, werden erstmals 1144 urkundlich erwähnt. Sie waren Lehensnehmer der Herren von Trimberg und Hanau. Als Ministerialen dienten sie dem Kloster Schlüchtern. Zwei ihres Geschlechtes leiteten es als Äbte. Andere finden wir wieder als Pastoren, Burgmannen, Amtmänner, Gerichtsschreiber oder bei den mittelalterlichen Fehden. Der letzte des Ge-

Wasserburg Schlüchtern

schlechtes war Ulrich von Schlüchtern, genannt Katzenbiß. Er lebte von 1487 bis 1525 und könnte der Bauherr dieses Hauses anstelle eines schon 1349 erwähnten Vorgängerbaues gewesen sein. Über die weitere Verwendung und die Besitzer des Hauses ist wenig bekannt.

Im vorigen Jahrhundert ging es in das Eigentum des Bäckermeisters Wilhelm Weitzel über. Seinem Nachfolger Jean Denhardt verlieh Kaiser Wilhelm II. den Titel „Hofbäckermeister Sr. Majestät des Kaisers und Königs".

1974 erwarb die Stadt Schlüchtern das Anwesen. Sie ließ im Rahmen der Altstadtsanierung die historische Bausubstanz renovieren und modernisieren.

Schlüchtern-Elm

Burg Brandenstein

Unweit von Schlüchtern liegt auf der Bergnase eines bewaldeten Höhenzuges Burg Brandenstein. Es wird angenommen, sie ist steckelbergischen Ursprungs, die dem Brauch folgend sich nach dem Namen ihres erbauten Rittersitzes von Brandenstein nannten.

Burg Brandenstein, Schlüchtern-Elm

Wappenstein Hanau-Münzenberg 1633

Die Herren von Brandenstein sind zwischen 1278 bis 1303 urkund-
lichen bezeugt. Zu dieser Zeit würzburgischen Lehens heißt es,
die Burg sei unbewohnbar. Um 1375 neu gebaut, sind die Hanauer
nunmehr die Lehensnehmer. Ihre Bautätigkeit wird vom Kloster
Schlüchtern mitfinanziert, das sich die Burg in dieser fehdelusti-
gen Zeit als Zufluchtsort sicherte. Anfang des 16. Jahrhunderts
bestand Burg Brandenstein aus einem „festen Haus" und einem
Wirtschaftshof. An bauliche Tätigkeiten aus dieser Zeit erinnert
die älteste noch erhaltene Jahreszahl 1519.
Ab dem 15. Jahrhundert hatten die von Eberstein die Burg zu Lehen. Mangold aus dem genannten Geschlecht trieb es als „Raub-
ritter" so arg, daß 1522 der Kaiser den Georg Graf von Wertheim
beauftragte, ihn festzunehmen. Die Burg wurde erobert und teilweise zerstört. Mangold aber war entflohen. Nach Aussterben der
letzten von Eberstein (1522) erhielt Hanau Mitte des 16. Jahrhunderts als Lehensherr das Gericht Brandenstein zurück. Ab 1543
wurde die Kernburg erneuert. Sie besteht aus einem mächtigen,
geräumigen Wohnturm über einem großen tonnengewölbten Keller. 1564 war der vorgestellte Treppenturm – er wurde 1888 aufgestockt und mit einem spitzen Helm versehen – vollendet. Auch das
vorderste Burgtor entstand 1565. Die Stilähnlichkeit der Fenster-
formen läßt den Schluß zu, daß der Steinauer Meister Asmus
auch auf Burg Brandenstein mitgewirkt hat.

Im 17. und 18. Jahrhundert fanden einige Um- und Neubauten statt. Während die neue Vorburg 1633 gebaut wurde, erhielt 1747 das Innere der Hauptburg ein neues Gebälk. Der äußere Torbogen wurde 1769 umgebaut. Ihn ziert das alte Hanauer Wappen, wie es nur bis 1559 üblich war. 1719 durch den letzten Hanauer Grafen an Hessen-Kassel verpfändet, wurde Burg Brandenstein 1786 wieder der Regierung in Hanau unterstellt. Von 1832 an Staatsdomäne, gelangte sie am 1. Juli 1895 in den Besitz des Generals Gustav von Brandenstein, dessen Geschlecht im thüringischen Orlagau seit 1282 nachgewiesen ist. Seit 1896 Wohnsitz derer von Brandenstein wurde 1900 ihr Geschlechterwappen in die Burgmauer eingelassen. Des Generals Enkelin, Isa von Brandenstein, richtete seit 1970 im ehemaligen Pferdestall ein Holzgerätemuseum ein. Diese Spezialsammlung lädt volkskundlich Interessierte zu einem Besuch auf Burg Brandenstein ein.

Schlüchtern-Ramholz

Schloß Ramholz

Im Zusammenhang mit dem Dorf Ramholz wird 1167 ein Herrenhof genannt. Er gehörte mit zum Verwaltungsgebiet der Vögte Gottfried und Hermann von Steckelberg. Es wird angenommen, daß der Hof immer am Fuße des Steckelberges unweit der Kirche lag. Nach dem Niedergang der Herren von Steckelberg zu Beginn des 14. Jahrhunderts, sicherten sich die von Hutten den Besitz. 1482 heißt es, Lorenz von Hutten habe bei einer Güterteilung neben Vollmerz auch Ramholz erhalten. Anfang des 17. Jahrhunderts, genauer 1613, erbte Johann Gottfried vom Vater Cyriax Eitel das adlige Haus Ramholz. Er verstarb kinderlos. Seine Geschwister Philipp Daniel und Maria Magdalena, eine verheiratete von Landas, traten die Erbfolge an. Der Dreißigjährige Krieg hatte Philipp Daniel in finanzielle Bedrängnis gebracht. Er verkaufte 1642 seinen Besitz an die Herren von Landas. Das war der Beginn weiterer Besitzwechsels: 1698 an die Herren von Degenfeld, 1852 an die Fürsten von Ysenburg-Büdingen, 1883 an Hugo Freiherr von Stumm. Dieser ließ 1887 den alten Huttischen Wohnsitz renovieren.

Das Renaissanceschloß mit seinen Staffelgiebeln und Treppenturm stammte aus der ersten Hälfte des 16. Jahrhunderts und war

Schloß Ramholz, Schlüchtern-Ramholz

der Folgebau einer bereits 1493 zerstörten Burg. Im Grundbuch wird es 1689 wie folgt beschrieben: „Ein groß steinern Hauß, das Neue Hauß genannt, von zwo hohen Stockwercken mit einem steinern Schneckenthurm, worinnen 2 Stuben, 3 Kammern und 1 Küche sambt einem gewölbten Keller und Vorkeller". Unter Einbeziehung des alten Huttenschlößchens als bescheidenen Seitenflügel ließ der Bauherr 1893 bis 1895 von den Münchner Architekten Gabriel und Emanuel von Seidl einen großen Neubau errichten. Als Nachahmung der „englischen Renaissance" entsprach das Schloß dem historisierenden Stil der Zeit. Für die Inneneinrichtung zeichnete der bekannte Münchner Heraldiker Otto Hupp teilweise verantwortlich. Die Wirtschaftsbauten entstanden zwischen 1891 bis 1898. Gebäudereste von 1739 und ein kleines Vorgebäude von 1776 blieben dabei erhalten. Die Gesamtanlage, zu der ein Gutshof, Gewächshaus, Försterei, Familiengruft, Teehaus und Kegelbahn gehört, befindet sich in dem zu einem herrlichen Park verwandelten Gelände. Einen Floratempel und sehr qualitätvolle Rokokostatuen aus dem Huttischen Garten in Würzburg konnte der kunstbegeisterte Freiherr von Stumm um 1900 erwerben. Sie werden der Schule des Ferdinand Dietz zugeordnet und zieren den weitläufigen Park.

Wappenstein von Stumm 1891

Burgruine Steckelberg, Schlüchtern-Ramholz

Burgruine Steckelberg

Auf dem bewaldeten Höhenrücken oberhalb des Schlosses Ramholz, dem sogenannten Breiten First, liegt die Ruine Steckelberg. 1131 wird sie erstmals urkundlich erwähnt. Als Reichsburg diente sie dem Schutz der Verkehrswege. Die Herren von Steckelberg (1131 bis 1391 genannt) hatten dort ihren Stammsitz. Zwischen 1240 und 1250 in würzburgischem Besitz, wurde die Burg 1276 auf Befehl des Königs Rudolf von Habsburg geschleift. Nach dem Aussterben der Herren von Steckelberg war das Gebiet huttisch geworden. Ulrich von Hutten ließ 1388 die Burg unweit der gleichen Stelle wieder aufbauen. Die neue Anlage bedeckte eine Fläche von 765 Quadratmetern, von denen 200 auf Kemenate und Torhaus entfielen. Die Fundamentmauern hatten einen Durchmesser von viereinhalb Metern, die Rundmauer eine Stärke von zwei bis zweieinhalb Metern. Die huttischen Ritter trugen Würzburg die Burg zu Lehen auf und sicherten damit den Familienbesitz über fast 400 Jahre. 1452 heißt es, sie sei Ganerbenburg. 32 Teilhaber waren berechtigt, den Gemeinschaftsstützpunkt zu nutzen. Sechs Jahre später wird sie durch Bischof Johann III. von Würzburg belagert und eingenommen.

Bereits im 18. Jahrhundert unbewohnt, ging mit dem Aussterben des letzten huttischen Besitzers aus dem Steckelberger Zweig 1704 ein weiterer Verfall der Burg einher. Die Eigentümer wechselten wie die des Schlosses Ramholz, bis 1883 Freiherr von Stumm die Ruine ankaufte und vor völligem Verfall rettete. Er sicherte die Reste der einstmals stolzen Burg, auf der 1488 der Humanist und Dichter Ulrich von Hutten geboren und zeitweilig gelebt hatte. Teile der Umfassungsmauer, eines Wohnhauses und des halbrunden Turmes auf der Südseite mit dem Hinweis auf die letzte bauliche Erneuerung im Jahre 1509 sind dadurch erhalten geblieben. Die jetzige Besitzerfamilie von Kühlmann-Stumm hat 1969 für 20 000 Mark eine weitere Sanierung vornehmen lassen. Eine Gedenktafel, angebracht am 21. April 1975, hebt die Bedeutung dieser bau-, kunst- und geistesgeschichtlichen Reste der Burg Steckelberg besonders hervor.

Schlüchtern-Vollmerz

Burg Vollmerz

Zum dörflichen Altadel zählte Bertodus de Volmudis, der 1226 Erwähnung findet. Er mag der Besitzer eines am Eingang des Dorfes von Schlüchtern her gelegenen Herrenhofes gewesen sein. 1364 wird Frowin von Hutten als dessen Eigner genannt. Dieser erklärte 1375, der „burgliche Bau" und sein übriger Besitz seien hanauische Lehen, und das Haus Vollmerz ein „offenes Haus" der Herrschaft Hanau. 1391 führt das Gebäude die Bezeichnung „Schloß". In ihm starb 1377 Amtmann Frowin von Hutten. Seine letzte Ruhestätte fand er in der von ihm in Kloster Schlüchtern gestifteten Huttenkapelle. Ein weiterer von Hutten, nämlich Lorenz, behielt sich 1482 Schloß und Gericht Vollmerz ausdrücklich bei einer Güterteilung vor. Er erlebte noch die Eroberung seiner Burg 1492 und starb sechs Jahre später. 1613 wird sie ausgebrannt und unbewohnbar als Heiratsgut des Johann Gottfried von Hutten genannt. Ein mit der Jahreszahl 1537 datiertes Nebengebäude diente seit Ende des 16. Jahrhunderts als herrschaftliches Wirtshaus, in dem der Schankwirt 1760 dazu eine Branntweinbrennerei anlegte. Das Gebäude sollte als Wirtshaus (Degenfelder Hof) und Kramladen (Löwenberg) das 19. Jahrhundert überstehen, bis es in unserer Zeit zu Wohnzwecken Verwendung fand und 1962 einem Abriß zum Opfer fiel.

Ehemalige Burg Vollmerz

Schöneck-Büdesheim

Bruderhof oder altes Schloß

Auf einer Halbinsel, dreiseitig vom Wasser der Nidder umgeben, liegt das „Alte Schloß". Noch im 19. Jahrhundert vorhandene Gräben lassen den Schluß zu, daß die baulichen Anfänge des Schlosses auf eine Wasserburg zurückgehen. Durch kaiserliche Schenkung waren 1017 die Mönche vom Orden des heiligen Benedikt aus dem Bamberger St.-Michaels-Kloster in den Besitz von Grund und Boden gelangt. Sie erbauten in den kommenden zwei Jahrhunderten einen hufeisenförmigen Wirtschaftshof. Die noch vorhandenen schlichten Säulen stammen vermutlich aus dieser Bauphase. Der Westflügel beherbergte die Klosterkapelle.
Für die Sicherheit des Klosters zeichneten die Herren von Falken-

stein und Münzenberg und deren Erben, die Grafen von Sayn, verantwortlich. Sie erhielten dafür das Hofgut und die Ländereien zu Lehen. 1554 wechselte der sogenannte „Bruder- und Oberhof" seinen Besitzer. Der neue Eigner, Johann Brendel von Homburg, gab der Hofanlage ihr heutiges Aussehen und nannte sie nunmehr „Schloß Brendelstein". An ihn erinnert ein Wappenstein aus dem Jahr 1558. Elf Jahre später, durch Erbfolge an die Schütz von Holzhausen gelangt, blieb das Schloßgut bis 1764 im Besitz dieser Familie. Weitere Grundeigentümer waren der Graf von Hoym und die Freiherrn von Edelsheim.

Noch im 18. Jahrhundert war das Schloß mit einer Schutzmauer umgeben, in deren Mitte und Nordseite sich Verteidigungstürme befanden. Zur Befestigungsanlage zählte auch der „Uhuturm", der spätere Treppenaufgang des Wirtschaftsgebäudes.

Bauliche Veränderungen nahm Dr. Georg Berna vor. Er hatte das Schloß 1860 gekauft und bewohnt. Nach seiner Heirat am 14. Juni 1864 ließ er für sich und seine junge Frau das „Alte Haus", ein Gebäude aus der ersten Hälfte des 18. Jahrhunderts, das den Vorbesitzern als Kornboden und Wohnung des Gutsverwalters gedient hatte, zum Wohnhaus umbauen. 1865 starb Dr. Berna. Seine Witwe Maria, geborene Christ, ließ 1878 den Ostflügel des dreigeschossigen und mit verputztem Fachwerkobergeschoß versehenen Dreiflügelbaus abbrechen und massiv erneuern.

Bruderhof oder Altes Schloß, Schöneck-Büdesheim

In den letzten Jahrzehnten unseres Jahrhunderts verfiel das „Alte Schloß" zusehends. Die bis Ende der 60er Jahre noch vorhandenen mächtigen Scheunen und das Polenhaus fielen der Spitzhakke zum Opfer. Die Gemeinde Schöneck, in deren Besitz das historische Gebäude gelangt war, entschloß sich zu Beginn der 80er Jahre zu einer grundlegenden Sanierung und hat das alte Hofgut, unter Erhalt des originalen Erscheinungsbildes, einer neuen Nutzung zugeführt.

Neues Schloß

1880 heiratete Maria Berna, die Besitzerin des alten Schlosses, in zweiter Ehe den Grafen Waldemar von Oriola. Die gräfliche Familie ließ sich zwischen 1883 und 1885 als Anbau an das „Alte Haus" aus dem 18. Jahrhundert, das auf einem mittelalterlichen Kellergewölbe steht, von dem bekannten Münchener Architekten Gabriel von Seidl ein aufwendiges Schloß im Stil der Neurenaissance erbauen. Vorausgegangen war 1880 eine Planung des Friedberger Architekten Ludwig, die von Seidl kaum noch verändern konnte. Er lockerte lediglich die etwas strenge und gedrungene Fassadengliederung des Ludwig'schen Baus durch einen erhöhten, schlanken Turm auf. Ein Mitteltrakt mit Treppenhaus und geschwungener Freitreppe gewährleistete die Anbindung des Neubaus an das vorhandene Gebäude. Nach Fertigstellung der prachtvollen Innendekoration mit Fresken, Stuckarbeiten, Marmor und Holzintarsien durch süddeutsche und italienische Kunsthandwerker 1890, wobei feststeht, daß an der Ausmalung der Räume der bekannte Münchener Heraldiker Otto Hupp beteiligt gewesen war, wurde das neue Schloß alsbald zu einem glanzvollen Mittelpunkt des gesellschaftlichen Lebens der südlichen Wetterau.

Da die gräfliche Familie keine leiblichen Nachkommen hatte, ging 1915 der imposante Bau an Verwandte der Gräfin, die

Wappenstein Grafen von Oriola

Familien Sommerhoff und von Buttlar. Teilverkäufe in den 30er Jahren an die Frankfurter Metallgesellschaft führten dazu, daß diese während des Zweiten Weltkrieges ihr Konstruktionsbüro nach dort verlegte. Zusätzliche Baracken, die noch vorhanden sind, waren erforderlich. Vorübergehend von den amerikanischen Besatzungstruppen beschlagnahmt, fand das Schloß 1946 als Krankenhaus und Altersheim Verwendung. Im Jahr 1956 wechselte es in den Besitz des Landes Hessen. Seit dieser Zeit ist die Verwaltung des Büdesheimer Flüchtlingswohnheims in den einstmals gräflichen Räumen untergebracht.

Großer Beliebtheit erfreuen sich die „Büdesheimer Schloßkonzerte", die in den historischen Räumen veranstaltet werden.

Der vormals beeindruckende Schloßpark mit seinem alten Baumbestand, dem Gärtnerhaus, der Orangerie und der teils historischen, teils historisierenden Einfriedigungsmauer soll nach einer Neugestaltung wieder einen würdigen Rahmen des baugeschichtlich bedeutsamen Schlosses bilden. Leider wird die in den 60er Jahren abgebaute barocke Brunnenanlage nicht mehr den Park zieren können, da sie heute vor der Weilburger Orangerie steht.

Neues Schloß, Schöneck-Büdesheim

Huttische Wasserburg, Sinntal-Altengronau

Sinntal-Altengronau

Huttische Wasserburg

Zu den weniger bekannten Burgen Altengronaus zählt das „Neue Haus", auch Schloß genannt. Erbauer war Eitel Sebastian von Hutten. Er ließ dieses jüngere der huttischen festen Häuser 1506 als Wasserburg unterhalb der Ortschaft errichten. Reste des Grabens und der Ringmauer haben sich erhalten. Vorausgegangen war 1492 die Einnahme der heute nicht mehr vorhandenen Burg auf dem Frauenberg durch die Hanauer, die so schwer geschädigt wurde, daß eine Wiedererrichtung sinnlos erschien. 1527 stellte Eitel Sebastian sein Schloß unter hessischen Schutz. Sein Sohn Sebastian ließ wohl bauliche Veränderungen vornehmen, davon zeugt noch eine Datierung am runden Treppenturm von 1551. Als letzter des huttischen Geschlechtes scheint Georg Friedrich darin gelebt zu haben und ist dort 1641 gestorben.

Das Gebäude erlitt im Dreißigjährigen Krieg erhebliche Schäden und erhielt danach sein uns bekanntes Aussehen mit Krüppel-walmdach und verschindeltem Fachwerkobergeschoß. Auf dem

Schloßgelände befand sich zu dieser Zeit eine Papiermühle mit Försterwohnung und sechs Bauernhäuser.

Im letzten Jahrhundert eine Zeitlang von dem Arzt Dr. Ernst Voith von Voithenberg bewohnt, kaufte 1898 Christian Gerhäuser einen Großteil des Geländes. Er errichtete darauf sein weithin bekanntes Marmorwerk Altengronau.

Huttenburg, Sinntal-Altengronau

Huttenburg Altengronau

Der Erbauer der Wasserburg, Eitel Sebastian von Hutten, hinterließ zwei Söhne. Diese bildeten zwei Seitenlinien des Altengronauer Stammes. Sebastian übernahm den väterlichen Wohnsitz. Sein Bruder Alexander begann 1548 unweit der 1492 zerstörten Burg mit dem Bau der vier Jahre später fertiggestellten neuen Behausung.

Markant erhebt sich der dreigeschossige Steinbau mit seinen zwei Eckrundtürmen über der Ortschaft. 1648, nach dem Ableben des letzten aus dieser Nebenlinie, Adam von Hutten (* 1627), durch Kauf an Hessen-Kassel gelangt, diente die Burg nunmehr der Verwaltung des dazugehörigen Amtes Altengronau. Sie wurde Fruchtspeicher und Gefängnis.

Dem Zeitgeschmack angepaßt wurden 1752 neue größere Fenster eingesetzt und das Dach zum Mansarddach verändert. Die weitere Geschichte der Burg ist wechselvoll. Zeitweilig als Krankenstation für die am Bau der Eisenbahnstrecke Elm–Gemünden zu Beginn der 70er Jahre des vorigen Jahrhunderts verletzten Arbeiter genutzt, erwarb die Gemeinde Altengronau 1875 den einstmals herrschaftlichen Sitz und brachte darin die Dorfschule unter. Fast einhundert Jahre wurden dort die Kinder unterrichtet. Auch das Lehrpersonal hatte darin seine Bleibe. 1968, nach dem Bau der neuen Schule vorübergehend als Vereinsheim eingerichtet, kaufte 1981 Friedrich Karl Freiherr von Hutten aus der Stolzenberger Linie die Burg zu einem symbolischen Preis. Er läßt das meterdicke Gemäuer aus der Renaissancezeit sanieren und einer neuen Verwendung zuführen.

Sinntal-Sannerz

Propsteischloß Sannerz

Mitte des 15. Jahrhunderts, als Sannerz wüst lag, kaufte 1457 Lorenz von Hutten den dortigen Grundbesitz.

Einen am westlichen Dorfrand gelegenen Hof ließ er zu einem festen Haus ausbauen. Es war der letzte Wohnsitz der Hutten-Stek-

Wappenstein von Piesport

kelberger, die mit Johann Hartmann 1704 ausstarben. Fuldische Soldaten besetzten das Gebiet als „heimgefallenes Mannlehen". 1735 gründete das Hochstift Fulda die Propstei Sannerz. Sie erhielt die gleichen Rechte wie die acht bisherigen Propsteien. Als katholischer Stützpunkt in rein evangelischer Gegend wechselten in den Anfangsjahren die Pröpste häufig. Erst der neunte unter den elf aufeinanderfolgenden Pröpsten, Karl von Piesport (1776–1800), ließ das adlige Haus zu einem geräumigen, allen Ansprüchen entsprechenden, schloßartigen Barockbau umbauen. Sein Wappen ziert noch heute das 1778 fertiggestellte Gebäude.

Durch die Säkularisation des Fürstbistums Fulda 1802 gelangte die aufgelöste Propstei in weltlichen Besitz. Ein verschiedentlicher Wechsel der Eigentümer ist dann zu verzeichnen. 1845 erwarb der Fuldaer Bischoff Pfaff das Propsteischloß für 8000 Gulden zurück. Fünf Jahre später richtete in ihm Kaplan Waldner eine Erziehungsanstalt für gefährdete Knaben der Diözese Fulda ein. Fast einhundert Jahre später, 1946, übernahmen die Salesianer Don Boscos die Heimleitung. Sie bauten das Heim weiter aus zu einer Ausbildungsstätte in verschiedenen Berufssparten.

1978 entsprach das alte Propsteigebäude nicht mehr den modernen Anforderungen eines Heimes. Das Fachwerk wurde bis auf das massive Erdgeschoß und den Treppenturm abgetragen. Trotz der grundlegenden Sanierung, die 1982 abgeschlossen war, blieb das äußere barocke Erscheinungsbild des Propsteischlosses gewahrt.

Propsteischloß Sannerz, Sinntal-Sannerz

Schloß und Burgruine Schwarzenfels, Sinntal-Schwarzenfels

Sinntal-Schwarzenfels

Schloß und Burgruine Schwarzenfels

Dem schwarzen Basaltberg verdanken die Burg und der darunterliegende Ort ihren Namen. Diese strategisch wichtige Lage an den Ausläufern der südwestlichen Rhön nutzten die Herren von Hanau und errichteten zwischen 1277 und 1280 zur Behauptung und Verwaltung ihres neuen Reichslehens diese Befestigung. Eine Vorläuferburg soll schon vorhanden gewesen sein. Urkundlich wird Burg Schwarzenfels erstmals 1290 erwähnt. Zur Wahrnehmung seiner Interessen verlieh Hanau das dazugehörige Amt Schwarzenfels an Amtmänner und Vögte. Diese stammten vornehmlich aus den benachbarten ritterlichen Familien. Im 16. und

17. Jahrhundert als Witwensitz genutzt, erfolgte ein weiterer Ausbau des Schlosses zur Residenz. 1643 an die Landgrafschaft Hessen-Kassel gelangt, verloren Burg und Schloß immer mehr an Bedeutung.

Mit der Annexion Kurhessens 1866 fiel Burg Schwarzenfels an Preußen. Sie war Sitz der hessischen Justizbeamten und der preußischen Amtsrichter (bis 1932). Auch hatte die Forstverwaltung bis 1970 ihren Sitz auf Schwarzenfels, dann wurde die gesamte Anlage, die man in drei Bereiche: Ruine, Vorburg und neuere Bauten unterteilen kann, saniert.

Von der Hauptburg ist noch als Kern der alten Wehranlage der 26 Meter hohe Bergfried erhalten. Er wurde 1974/75 wiederhergestellt und dient als Aussichtsturm. Der vermutlich einstmals zweistöckige Palas ist als Ruine erhalten. Von der schon 1305 und 1311 erwähnten Margarethenkapelle ist noch die Krypta mit flachem Kreuzgradgewölbe zu sehen. Als im 16. Jahrhundert die Witwe Philipps III. von Hanau, Elena von Pfalz-Simmern, Schwarzenfels zu ihrem Witwensitz bestimmte, wurden bauliche Erweiterungen vorgenommen. Aus dieser Zeit sind noch erhalten: die verfallenen Treppentürme mit den Jahreszahlen 1553 und 1570 des mehrstöckigen Wohnhaus der Hauptburg; der zweistöckige Marstall, dessen spitzbogiges Portal 1557 und ein späterer Vorbau 1583 entstand. Stilgleichheiten lassen vermuten, daß der Steinauer Meister Asmus auch hier mitgewirkt hat. Zum gleichen Bauabschnitt zählt ein am Westflügel der Hauptburg vorspringender Anbau aus dem Jahr 1561 und ein schiefwinkliger Bau als westlicher Abschluß. 1575 wurde der Turm der Vorburg-Toranlage – heute Glockenturm – gebaut. Das reichverzierte Portal stammt aus dem Jahr 1621. Sein Wappenschmuck zeugt vom Glanz der Residenzzeit unter Graf Albrecht von Hanau-Schwarzenfels und seines Sohnes Johann Ernst, die von 1604–1642 währte. Mit dem Ende des Dreißigjährigen Krieges wurde die Anlage zerstört. Die Hauptburg war nicht mehr notwendig und verfiel. Die Vorburg konnte, da sie einer wirtschaftlichen Nutzung zugeführt wurde, erhalten werden. Auch wird ein Raum im Erdgeschoß des ehemaligen Marstalls seit 1810 zu gottesdienstlichen Zwecken genutzt. 1746 entstand innerhalb der Vorburg das neue Wohnhaus. Die daneben stehende Scheune wurde vor einigen Jahren abgerissen und eine überdachte Terrasse mit Kiosk geschaffen. Seit 1979 ist die Burg Schwarzenfels als Jugendfreizeitlager ein beliebter Treffpunkt.

Burgruine Stolzenberg, Bad Soden-Salmünster-Bad Soden

Bad Soden-Salmünster/Bad Soden

Burgruine Stolzenberg

Der Anfang der Burg Stolzenberg, die von den fuldischen Äbten zum Schutz ihrer entlegenen Besitzungen errichtet wurde, liegt im dunkeln. Zu Beginn des 13. Jahrhunderts gelang es „Feinden der Kirche", das dem Stift Fulda gehörende Bollwerk zu erobern und zu zerstören. Am 13. Dezember 1252 gewährte Wilhelm von Holland dem Abt Heinrich IV. von Erthal die Erlaubnis zur Wiedererrichtung der Befestigung auf dem Bergkopf vor dem Eingang zum Salztal. Die Gesamtanlage bestand aus einem Bergfried mit Umfassungsmauer und Tor, Graben und Wallanlagen sowie die Behausung für die Burgmannen. Sie zählte mit zu den Raubschlössern der Wetterau und sollte, wie viele andere, auf Befehl des Kaisers Rudolph von Habsburg 1276 niedergerissen werden, was wohl nicht geschah.

Nachdem fuldische Amtsleute aus huttischem Geschlecht im 14. Jahrhundert Erbburgmannen wurden, nahmen sie den Namen „von Hutten zum Stolzenberg" an. Mit einer der berühmtesten Namensträger und Besitzer von Burg Stolzenberg war Frowin von Hutten. In den Streitigkeiten der Ritterschaft zu Beginn des 16. Jahrhunderts unterstützte er Franz von Sickingen. Seine Freundschaft mußte er 1522 nach einer kurzen kriegerischen Auseinandersetzung und der Einnahme der Höhenburg durch das gegnerische verbündete Heer von Hessen, Pfalz und Trier teuer bezahlen. Erst 1526 erhielt er sein Eigentum zurück und gab es zwei Jahre später an seine gleichnamigen Neffen weiter.

Mitte des 16. Jahrhunderts verlor Burg Stolzenberg ihre Bedeutung für den Eigner Kurmainz und verfiel allmählich.

Als Ruine hat der runde, fast 20 Meter hohe Bergfried die Jahrhunderte überdauert. Ein breiter Mauerriß gab ihm ein romantisches Aussehen. Um den Turm zu erhalten, waren 1870 90 Taler Renovierungskosten angesetzt.

Hundert Jahre später wurde er für 107 000 Mark saniert und zum Aussichtsturm ausgebaut. Am 18. Mai 1970 konnte die Einweihung des Wahrzeichens der Badestadt vorgenommen werden.

Seit den 20er Jahren des vorigen Jahrhunderts wird behauptet, Martin Luther habe 1521 auf Burg Stolzenberg übernachtet. Das trifft nicht zu. Der Reformator reiste von Worms kommend über Friedberg, Alsfeld nach Thüringen.

Huttische Talburg, Bad Soden-Salmünster-Bad Soden

Wappensteine von Hutten und von Frankenstein, 1536/1902

Huttische Talburg

Dem Brauch der Zeit folgend, errichtete Lukas von Hutten 1536 unterhalb der Kirche von Bad Soden eine Stadtburg. Für die Bauausführung soll der Steinauer Meister Asmus verantwortlich gewesen sein. Es wurde ein Nachfolgebau des schon 1387 erwähnten Hofgutes.

Der rechteckige Hauptbau hat Staffelgiebel, gekoppelte Fenster, an der Südseite einen mehrgeschossigen Erkeranbau und Fenster mit Vorhangbogen. An der Westseite steht ein runder Treppenturm, dessen Pforte mit Rundstab, Kehle, Allianzwappen Hutten-Frankenstein und der Jahreszahl 1536 verziert ist. Westlich vom Hauptgebäude erhebt sich der Marstall aus dem Jahr 1599, auch das „kleine Schloß" genannt, der 1968/69 zu einer Weinstube umgebaut wurde. In der Folge von den Herren von Hutten bewohnt, besagt eine Urkunde vom 4. Oktober 1708, Johann Philipp von Hutten habe seine an der Stadtmauer gelegene Steinkemenate unterm Stolzenberg an Johann Martin Ludwig von Schleifras verkauft.

Mitte des 18. Jahrhunderts muß wohl das Fürstbistum Fulda denen von Hutten das Stadtschloß wieder zu Lehen gegeben haben. Denn mit dem Ableben des Carl Philipp von Hutten 1814 starb der letzte Hutten zum Stolzenberg aus der Sodener Linie aus. Das

Schloß ging in den Besitz seiner einzigen Tochter Jeanette, verheiratete von Lindenau, über.

1819 hat Johann Peter Dupré aus Altengronau das Stadtschloß als Wohnsitz für seine Familie erworben. Der Maler Ludwig-Emil Grimm beschreibt es um 1820 in seinen Lebenserinnerungen: „Dupré's Haus war alt, von Stein, gotisch, mit Fenstererkern, aber angenehm und wohnlich . . ."

Bis etwa 1890 hat das Schlößchen noch fünf Staffelgiebel. So zu erkennen auf einer Zeichnung aus dem Jahr 1863. Ein zweigeschossiger Anbau neben dem Treppenturm wurde entfernt. Der Turm selbst erhielt anstelle einer welschen Haube ein flaches Helmdach.

Als weiterer Besitzer ist 1901 der Geheime Kommerzienrat Adolf Krafft aus Offenbach bekannt. Für das Fünffache der Kaufsumme in Höhe von 13 500 Mark ließ er das Huttenschloß wieder herstellen. Dabei wurde darauf geachtet, daß der Baustil der Fassade erhalten blieb. Nur die Umfassungsmauer mit Mauerturm wurde 1902 angefügt. Krafft hatte aus der Schloßmühle einen Industriebetrieb gemacht. Die Eigner dieses Unternehmens wechselten, und so gelangte 1971 die Huttische Talburg in das Firmenvermögen der Siemens Aktiengesellschaft, die es 1989 an die Stadt Bad Soden-Salmünster veräußerte. Mit erheblichem Sanierungsaufwand will der jetzige Eigentümer das historische Gemäuer bis 1996, dem Jahr der 700. Wiederkehr der Verleihung der Stadtrechte für Bad Soden unter dem Namen „Stolzental", einer neuen Nutzung zuführen.

Allianzwappen von Hutten und von Sande 1657

Bad Soden-Salmünster/Salmünster

Huttenhof

Ältester huttischer Stammsitz in Salmünster ist der aus dem
14. Jahrhundert stammende Huttenhof. Oftmals heißt es, das Ge-
bäude sei im Jahr 1400 erbaut worden, doch findet anläßlich einer
Teilung 1364 das Burggut bereits Erwähnung. Der rechtwinkelige
Sandsteinbau mit seinen meterdicken Wänden liegt an der nord-
westlichen Stadtmauer, dort wo der Mühlbach die Stadt verläßt.
Der Jahreszahl 1642 über dem Kellereingang zufolge hat Johann
Friedrich von Hutten die letzte größere bauliche Veränderung vor-

Huttenhof, Bad Soden-Salmünster/Salmünster

genommen. Er hat wohl den ehemals vorhandenen Treppenturm
abbrechen lassen und dem Huttenhof mit seinen Fachwerkgie-
beln und dem Krüppelwalmdach sein stadtbildprägendes Aussehen gegeben. Er ließ auch das „neue Haus" erbauen. An ihn erinnert ein Wappenstein mit der Jahreszahl 1657 und dem Ehewappen von Hutten und von Sande.
Im 18. Jahrhundert erwarb Fulda das Burggut zurück. Bis in das
19. Jahrhundert diente es denen von Hutten und ihren Nachfahren
von Köller als Lehnsitz. Seit 1894 befindet sich der Huttenhof in
Privatbesitz.

Schleifrashof

Die ältesten Bauteile des im südlichen Stadtmauereck Salmünsters liegenden Burggutes stammen aus dem 16. Jahrhundert,
wozu der Flügelbau mit Treppenturm und Welscher Haube zählen.

1540, bei der Verpfändung Salmünsters an Kurmainz, heißt es:
„Item das neu haus' in der staitt Salmünster vnnd zwey alte hew-
ser dabey, samt zweien Kellern, etlichen stellen, einer großen
langen schewern, etlich baumgarten, ecker vnnd wiesen, ist
burglehen und gehort mit in die pfandtschafft."

Wechselvoll waren die Besitzverhältnisse, bis 1707 Johann Martin
Ludwig von Schleifras das nach ihm benannte Anwesen erwarb.
Er ließ in den Jahren 1707/08 die Obergeschosse des Haupthau-
ses und Torgebäudes sowie den barocken Zwischentrakt mit
neun Fensterachsen und die Scheune errichten. Dem Brauch der
Zeit folgend, schmückte er Haupthaus, Torhaus und Scheune mit
dem schleifras-bickenschen Ehewappen und der Jahreszahl 1707.

1768 übernahm Fulda das Burggut für 30 000 Gulden von den
schleifrasschen Erben. Von 1777 bis 1806 Lateinschule, wurde
nach einer Renovierung 1822 das Lizentamt, Rentamt und die
Oberförsterei darin untergebracht.

1935 kaufte es die Stadt Salmünster und stellte den Schleifrashof
für die Errichtung eines Landjahrlagers zur Verfügung. Während

Schleifrashof, Bad Soden-Salmünster/Salmünster

die Hauptgebäude nach einer grundlegenden Sanierung zwischen 1987 bis 1991 bewohnt sind, wird die umgebaute Scheune, die auch zeitweilig städtisches Spritzenhaus war, seit 1978 als Textil- und Modehaus genutzt. Ein neuzeitlicher Anbau in Verlängerung zur Frankfurter Straße mit Schaufensterfront und Arkaden paßt sich maßstäblich in die Gesamtanlage ein und trägt mit zum geschlossenen Ortsbild am ehemaligen Untertor bei.

Huttenschloß, Bad Soden-Salmünster/Salmünster

Huttenschloß

Im nördlichen Stadtmauereck Salmünsters liegt das Huttenschloß. Die Gesamtanlage mit Hofbildung ist heute noch ablesbar. Zur Poststraße hin lassen zwei alte Torpfeiler die Geschlossenheit des früheren Herrenhofes erahnen.
Auf ehedem Bimbachischem Grund und Boden ließen Ludwig von Hutten und seine Frau Margarethe, eine geborene Riedesel von Bellersheim, 1562 das stattliche, aus zwei massiven und einem verschieferten Fachwerkgeschoß bestehende Gebäude errichten. Die Vollendung des Treppenturms mit Welscher Haube erfolgte 1563. Vorhandene Steinmetzzeichen bestätigen, daß der Steinauer Meister Asmus für die Bauausführung verantwortlich zeichnete. An die Erbauer erinnert in der Umfassungsmauer ein Wappenstein aus dem Jahr 1564 mit den Geschlechterwappen.

Einer Jahreszahl 1598 nach wurde das Huttenschloß zu dieser Zeit baulich verändert. Um die Wende zum 18. Jahrhundert lebte Juliane Katharina Elionore († 1714), eine geborene von Hutten, mit ihrem Mann Georg Freiherr von Nassau-Detzem († 1717) im Huttenschloß. In Erbfolge gelangte der Herrensitz an die männlichen Nachkommen und wurde als „Nassauischer Hof" bezeichnet. 1748 löste die fuldische Regierung den adligen Besitz für 19 500 Gulden von den Nassauern ein.

Eine Grundriß- und Ansichtszeichnung vom Juli 1805 läßt erkennen, daß erst zu dieser Zeit das oberste Stockwerk zu Wohnzwecken für den Schreiber oder Jäger ausgebaut wurde. Man verwendete in der obersten Etage schon die jüngere Backsteinbauweise. Im Erdgeschoß befand sich die Amtsstube des Schreibers, das Aktenarchiv und die Amtsdienerstube mit Kammer und Küche. Im weiteren Verlauf wurde die Stadtburg als Sitz des Amtmanns benutzt. Später, als kurhessisches Justizamt und als königliches preußisches Amtsgericht verwendet, bürgerte sich die Bezeichnung Amtshof ein. Durch seine Verwendung als Gerichtsgebäude war 1905 eine weitere bauliche Veränderung notwendig geworden. Für 21 000 Mark baute man an der östlichen Traufseite ein neues Treppenhaus an, in dem auch ein geeigneter Raum für die Unterbringung der Grundbücher Platz fand. Bis 1968 hessisches Amtsgericht, befindet sich nach seiner Auflösung darin nur noch das Grundbuchamt.

Wappenstein von Hutten und Riedesel von Bellersheim 1564

Zum Huttenschloß gehörte auch ein im rechten Winkel zur Stadtmauer folgendes Gebäude. Hierbei handelt es sich um das 1738
als Amtshaus erbaute und mit Amtsstube des fuldischen Amtmanns versehene Gebäude, für das, nachdem die kurhessische
Regierung das Huttenschloß als Amtssitz des kurhessischen Ju-
stizamtmanns hergerichtet hatte, keine Verwendung mehr bestand. 1827 erwarb Apotheker Reinhard von der kurfürstlichen
Regierung das Haus und nutzte es als Apotheke.
Von den Wirtschaftsgebäuden steht keines mehr, sie sind dort zu
suchen, wo später das Postgebäude entstand. Die dem Schloß ge-
genüberliegende „Zehntscheune" fiel 1972 einem Brand zum Opfer.

Bad Soden-Salmünster/Hausen

Schloß Hausen „Zu den Brucken"

Verläßt man das mittelalterliche Städtchen Salmünster in Richtung Spessart, liegt im Klingbachtal zwischen leicht ansteigenden
Berghängen der Weiler und heutige Stadtteil von Bad Soden-Salmünster Hausen. Der Name „Hausen" deutet auf eine wohl fränki-
sche Gründung hin.
In der Geschichtsschreibung erstmals 1319 erwähnt, darf angenommen werden, daß das Stift Fulda schon sehr früh zum Schutz
seines Besitztums Salmünster diese Wasserburg errichten ließ.
Der mächtige Kernbau mit Eckturm, der große Fischweiher und
der Damm mit der niedrigen Umfassungsmauer erinnern noch
heute an die einstige Wasserburg. Sie wurde auf einem künstli-
chen Hügel, einer sogenannten Motte, errichtet, der von zwei
Wassergräben umgeben war. Um zur Ritterburg zu gelangen,
mußten zwei Brücken passiert werden. Daher lautete wohl die
Bezeichnung „Hausen zu den Brucken".
Erbauer der Burg waren die Herren von Jazza, auch Jossa genannt. 1345 erwarb Friedrich von Hutten durch Kauf die zu dieser
Zeit als Bimbachsches Eigentum genannte Wasserburg. Diese
Wehranlage bestand aus dem Turm und dem 1497 als „alte" und
„neue" Kemenate bezeichneten, teilweise vierstöckigen Kern-
werk. Zwischen dem inneren Wassergraben und der Umfassungsmauer lagen zwei Scheunen, ein großer Stall, zwei Fisch-

wasser und die Mühle. Außerhalb, also vor dem äußeren Wasser-graben, ein großer Schafstall, ein Hirtenhaus und ein neuerbautes Sommerhaus „ob dem Brunnen".

Die alte Zehntscheune an der Straße nach Mernes war noch in huttischer Zeit 1530 erbaut worden. 1540 erwarb Kurmainz durch Kauf die Burg. Kurfürst Erzbischof Daniel Brendel von Homburg (1555–1582) hatte eine große Vorliebe für seinen dortigen Besitz. Unter seiner Regierung erlebte Hausen seine Glanzzeit. Er ist der Erbauer des kurfürstlichen Schlosses, des „langen Baues", das anstelle der ehemals huttischen Scheunen und Stallungen ent-stand. Wappensteine mit den Jahreszahlen von 1568 bis 1581 und

Schloß Hausen, Bad Soden-Salmünster Hausen

dem erzbischöflichen Symbol erinnern an eine rege Bautätigkeit. Die kurfürstliche Regierung in Mainz bildete nach 1540 aus dem neuerworbenen Gebiet ein eigenes Oberamt Hausen, an dessen Spitze der Oberamtmann stand. Es waren immer führende Perso-nen aus dem Adel, die im Schloß Hausen wohnten. Auch die Amtskellerei hatte ihren Sitz in Hausen. Das Verwaltungsgebäude aus dem Jahr 1581 beherbergte bis vor einigen Jahren das Gast-haus „Zu den Häuser Höfen" und ist im Baustil unverändert ge-blieben.

Mit der Wiedereinlösung der Pfandschaft Salmünster 1734 durch Fulda verlor das Oberamt Hausen mehr und mehr seine Bedeutung. Im letzten Viertel des 18. Jahrhunderts wurde der Amtssitz nach Orb verlegt. Sichtbar nagte der Zahn der Zeit an dem Gemäuer der einstmals prächtigen Burg. Das zum Schloß gehörende Gut wurde in Erbpacht gegeben. Die Glanzzeit des Herrensitzes war erloschen.

An die noch vor wenigen Jahren in Betrieb befindliche Schloßmühle erinnert nur noch das Mühlrad. 1709 heißt es, Johannes Nix habe sein Recht der Erbleihe an Martin Mosemann aus Spielberg für 275 Gulden veräußert. Anfang des 19. Jahrhunderts gelangte die Familie Aull in den Besitz der Mühle. Heinrich Aull erweiterte 1907 das Anwesen durch den Bau eines Stalles mit Heuboden.

Zu Beginn der 50er Jahre kaufte die europäische Filmunion Schloß Hausen. Sie ließ den alten Herrensitz mit einem Aufwand von 1,5 Millionen Mark zu einem modernen Kurhotel mit 50 Betten umbauen. 1953 wurde Richtfest gefeiert. Aus der „Burg" waren Büroräume für die Zentrale dieser Vereinigung geworden. Die Kapelle diente nunmehr als Saal für Veranstaltungen. Den sogenannten langen Bau „verschönen" seit dieser Zeit eine angebaute glasüberdachte Terrasse mit 22 Meter Länge und acht Meter Breite, ein gleichgroßer Küchenanbau und eine Garagenreihung. Schwimmbad und Liegewiese sollten dem Gast nach der Einweihung am 13. April 1954 ein angenehmes Leben bieten. Wenige Monate später, im Januar 1955, wurde offiziell bekannt, daß finanzielle Schwierigkeiten den Besitzer zur Schließung seines feudalen Hotels „Schloß Hausen" zwangen. Dann übernahm eine große Frankfurter Versicherungs-AG 1957 das Schloß. Ihre Angestellten sollten dort Ruhe und Erholung finden. Ein zusätzliches Sandsteingebäude in historisierendem Stil wurde erbaut. Am 22. Mai 1981 veräußerte die Versicherungsgesellschaft Schloß Hausen an das Christliche Jugenddorf Deutschland. Das CJD nutzt die Räumlichkeiten für Aus- und Fortbildungsseminare.

Wappenstein Kurfürst Erzbischof Daniel Brendel von Homburg 1568

Bad Soden-Salmünster Romsthal

Herrenhaus Romsthal

Auf dem Weg von Bad Soden-Salmünster in Richtung Vogelsberg öffnet sich das als Huttischer Grund bekannte Salztal. So benannt nach dem Geschlecht derer von Hutten, das jahrhundertelang Grundbesitzer in Romsthal, Eckardroth, Kerbersdorf, Wahlert und Marborn war.

Durch Erbfolge gelangten im 17. Jahrhundert die von Hutten zum Stolzenberg in Steinbach bei Lohr am Main in den Besitz des Huttischen Grundes. Sie ließen von Schloß Romsthal aus ihre Besitztümer und das Patrimonialgericht durch einen Amtmann verwalten.

Zur Geschichte des Amtssitzes ist wenig überliefert. Lediglich ein Zeitzeuge berichtet 1832: „In der Gegend, wo jetzt die Kirche zu Romsthal ist, stand zu jener Zeit ein altes herrschaftliches Haus, man nannte es das alte Schloß. Dieses umgab ein tiefer Graben, über welchen eine hölzerne Zugbrücke führte. Das Haus selbst aber bewohnte der (Hutten-)Steinbachsche Revierjäger Laberenz."

Diese herrschaftliche Burg findet bereits im 14. Jahrhundert Erwähnung. 1783 heißt es, sie sei eingestürzt. Das Hofgut wird fünf Jahre später gegen ein Jahresentgelt von 600 Gulden verpachtet. Dazu gehörte wohl die 1757 erwähnte Burgmühle und ein 1765 als Jägerhaus bezeichnetes Gebäude. Vermutlich handelt es sich dabei um das heutige Herrenhaus. Ein Türsturz mit dem huttischen Wappen und der Jahreszahl 1742 läßt diese Schlußfolgerung zu. Das architektonisch reizvolle Herrenhaus ist ein zweigeschossiger Rechteckbau mit Krüppelwalmdach und Gaubenfenstern. Ein Treppenturm mit Fachwerkabschluß und welscher Haube erschließt es rückseitig. Am 1. Oktober 1904 gelangte Bogdan Graf von Hutten-Czapski in den Besitz des Huttischen Grundes. Ihm verdankt das Herrenhaus eine bauliche Erweiterung um zwei Fensterachsen und den vorgezogenen Eingangsbereich, der später eine Verbreiterung und Ausgestaltung zum Balkon mit einer umlaufenden Balustrade erfuhr. Den schön angelegten Park ziert im Mittel eine barocke Steinvase. Ein Wirtschaftsgebäude bildet den rechtwinkligen Abschluß. Nach dem Ersten Weltkrieg, 1919, veräußerte der polnische Adlige seinen Romsthaler Besitz an Ludovica Freifrau von Stumm, Ramholz. Im Familienbesitz geblieben und an die Freiherrn von Kühlmann-Stumm gelangt, wurde 1971 das „großzügige Herrenhaus" zum Verkauf angeboten. Seit dem 13. Juni 1972 ist Conrad Graf von Roedern Besitzer des letzten huttischen Anwesens in Romsthal. Er hat das Herrenhaus grundlegend saniert.

Herrenhaus Romsthal, Bad Soden-Salmünster Romsthal

Steinau an der Straße

Schloß Steinau

Baulicher Mittelpunkt der Stadt Steinau an der Straße ist die großzügige mittelalterliche Wehranlage, die die Stadtsilhouette beherrscht. Die Kreuzung der alten Handelsstraßen Frankfurt–Leipzig und der Verbindung zwischen Vogelsberg und Spessart nach Franken hin gaben dem Städtchen seinen Beinamen. Auf dem erhöhten Stadtberg kommt man am historischen Rathaus und an der Katharinenkirche vorbei zum Grafenschloß. Einst die zweite Residenz der Hanauer Grafen, diente sie auch als Witwensitz. Schon im Mittelalter erhob sich anstelle des jetzigen Schlosses eine Burg mit Bergfried und Trockengraben, die die reichen Besitztümer der Abtei Fulda im oberen Kinzigtal sichern sollte. Stolze Geschlechter wie die Rienecker hatten diese Burg zu Lehen. Ein in der Burg eingemauerter Wappenstein mit dem Rienecker Schwan erinnert daran. Familiäre Bindungen zwischen Rieneck und Hanau im Jahre 1272 brachten einen Wechsel der Lehensnehmer mit sich. In dieser streitsüchtigen Zeit soll auch die Burg zum Teil zerstört worden sein. Nachdem 1290 Steinau durch König Rudolf von Habsburg die Stadtrechte erhalten hatte, fiel der Burg auch die Beschützerrolle zu. Ullrich II. von Hanau ließ die Stadtmauer errichten und baute die Burg zum Sitz des hanauischen Amtmanns aus. Aus dieser Zeit stammt der stattliche Bergfried. Im 16. Jahrhundert neigten die Herren von Hanau, die inzwischen in den Grafenstand erhoben worden waren, zu einem anspruchsvolleren Leben.

Um die Stärke ihrer Macht zu demonstrieren, ließen sie die Burg erweitern. Ein Schloßflügel und weitere Nebenbauten mit Treppentürmen entstanden in den Jahren zwischen 1528 bis 1556. Der bekannte Steinmetzmeister Asmus fertigte, obwohl die Stilrichtung der italienischen Renaissance bereits in Deutschland zur Blüte gelangt war, noch traditionsbewußt spätgotische Vorhangbögen und Fischblasenornamente. Die fünfeckige Wehranlage wurde nie in der ihr eigentlich zugedachten Aufgabe als repräsentative Nebenresidenz der Hanauer Obergrafschaft genutzt. Dadurch ist eine der besterhaltensten und in sich geschlossenen Anlagen der Übergangszeit zwischen Spätgotik und Renaissance erhalten geblieben. Wie bereits erwähnt, bildete die Schloßanlage ein unregelmäßiges Fünfeck, aus verschiedenen Gebäudetrakten bestehend. Der Südflügel wurde im Dreißigjährigen Krieg 1634 zerstört und im 19. Jahrhundert vollkommen abgetragen.

Die Anlage wird umgeben von einem Zwinger und dem davorliegenden Hirschgraben, dem die Aufgabe eines Wirtschaftshofes zufiel. An vier Ecken des Zwingers erheben sich bastionsartige Eckbauten. Sie dienten Wirtschafts- und Verwaltungsaufgaben. Die fünfte Ecke ist das südliche Torhaus. Den Abschluß zur Stadt hin bildet in nordwestlicher Richtung der 1558 errichtete Marstall. Ein eigenes Torgewölbe mit Steinbrücke von 1551 öffnet das Schloß zum Marktplatz hin. Die frühere Wehrhaftigkeit der Torpforten ist an überkommenen Details der alten Zugbrücken ablesbar.

Nach dem Durchschreiten des nördlichen Doppeltores öffnet sich der gepflasterte Schloßhof mit Brunnen. Zur Rechten steht der um

1528 fertiggestellte Saalbau. In diesem befindet sich die „Hofstube". Es ist ein großer Erdgeschoßraum mit Rundsäulen und Sterngewölben. Die Säle darüber sind als „Blauer und Gelber Saal" mit Renaissancemalereien von kunstgeschichtlicher Bedeutung. Im rechten Winkel schließt sich der sogenannte Küchenbau an. Seine Bauzeit lag zwischen 1542–1546. Die linke Seite des Schloßhofes bildeten Verwaltungs- und Wohnbauten. Den 41 Meter hohen Bergfried schließt ein laternenartiger Glockenaufbau mit welscher Haube ab.

Wappenstein von Hanau 1479

Wechselvoll war die weitere Geschichte des Steinauer Schlosses, nachdem 1736 die Grafschaft Hanau an Hessen-Kassel gelangte. Als Gefängnis, Zuchthaus, Lazarett und Fruchtboden wurden Teile der Anlage zweckentfremdet. Doch berichtet die Geschichte auch über manch bedeutende Persönlichkeit, die sich hier ihr Stelldichein gab.

Heute beherbergt das Schloß ein Museum mit Mobiliar aus dem 17. und 18. Jahrhundert, einer Bilder- und Gobelinsammlung und einer Brüder-Grimm-Gedenkstätte. Im Marstall zeigt die weltbekannte Puppenspielerfamilie Magersuppe mit ihren Marionetten Märchen der Brüder Grimm, die in Steinau ihre Jugendzeit verbrachten.

Schloß Steinau, Steinau an der Straße

Amtshaus

In unmittelbarer Nähe zum „Kumpen", dem Stadtplatz in Steinau an der Straße, steht das „Märchenhaus des Deutschen Volkes". So nannte Wilhelm Praesent das Amtshaus. Er wollte damit dem Jugendparadies der Grimm-Kinder, die sie in dieser für sie unvergessenen Umgebung von 1791 bis 1796 verbringen durften, ein bleibendes Denkmal setzen. Dieses repräsentative Gebäude, eingeschlossen in seinem ummauerten Hof mit Brunnen, Gärten und ein paar Nebengebäuden, war gerade für Jacob und Wilhelm die

Inspiration ihres geistigen Schaffens. Auch für den Malerbruder Ludwig Emil war es die Knabenerinnerung, die er in vielen seiner Zeichnungen festhielt.

1562 hat der durch sein hohes handwerkliches Können im Kinzigtal bekanntgewordene Baumeister Asmus den Hochrenaissancebau fertiggestellt. Zu dieser Zeit war Peter Isenberger Keller in Steinau, wie das Wappen und die Jahreszahl über der Eingangstür belegen. Der Rechteckbau mit seinem steinernen Erdgeschoß, der Freitreppe und dem runden Treppenturm besticht ganz besonders durch sein Fachwerkobergeschoß. Dieses ruht auf geschnitzten Konsolen, die verschieden gearbeitet sind. Überhaupt besitzt das Gebäude ein einmaliges Schmuckfachwerk, das auch unter den baulichen Veränderungen des Jahres 1905 nicht in Mitleidenschaft gezogen wurde. Symbolhaft ist das unter dem Schopfwalm des Vordergiebels hockende Trägermännchen, das den mystischen Glauben und Geist seiner Zeit widerspiegelt.

Bis zur Aufhebung am 1. Juli 1968 befand sich im Amtshaus das Steinauer Amtsgericht. Aus dieser Zeit (1905) stammt der massive Anbau am nördlichen Giebel. In den folgenden sieben Jahren bis 1975 wurden noch Grundbuchangelegenheiten abgewickelt, dann erwarb die Stadt Steinau an der Straße das historische Gebäude für 130 000 Mark vom Land Hessen und ließ es restaurieren. Eine Bibliothek und das Heimatmuseum geben dem baulichen Kleinod eine sinnvolle Nutzung.

Amtshaus in Steinau

Huttenburg

Als bedeutende Nebenresidenz der Hanauer Grafen in der sogenannten „Obergrafschaft" war Steinau an der Straße auch der
Sitz des in den Diensten des Landesherren stehenden Adels.
Demzufolge hatte das Geschlecht von Hutten aus dem benachbarten Salmünster gleichfalls einen Burgsitz innerhalb der Stadtbefestigung.

Noch 1752 findet auf einem Stadtplan die „Kemnade derer von
Hutten" Erwähnung. Das stattliche Haus mit rundem Treppenturm
steht in der Ziegelgasse/Ecke Brüder-Grimm-Straße.

Der spätmittelalterliche Bau läßt am gestäbten Spitzbogenportal
das eingemeiselte Baujahr 1557 erkennen. Es war die große Bauzeit Steinaus. Auch bei dieser Stadtburg kann die Einwirkung des
Baumeisters Asmus nicht geleugnet werden, wofür auch die spät-
gotischen Vorhangfenster Zeugnis ablegen. Zu Ende des 16. Jahrhunderts wechselte das Haus in das Eigentum der Familie von
Welsberg über. Sie ließen das nach ihnen benannte Pfleghaus ne-
benan errichten.

In Nachwirkung des Dreißigjährigen Krieges wurde 1689 der
Fachwerkaufbau erneuert. Eine gründliche Renovierung folgte
1732 anläßlich des Einzuges des lutherischen Pfarrers, der die ein
Jahr vorher eingeweihte Reinhardkirche betreute.

Fast 250 Jahre zweites Pfarrhaus genannt, gelangte das Haus Mitte der 70er Jahre in privaten Besitz und dient seitdem zu Wohnzwecken.

Burg Ürzell

Steinau an der Straße-Ürzell

Burg Ürzell

Zu den bedeutendsten Adelsgeschlechtern des oberen Kinzigraumes zählten die Herren von Mörle genannt Böhm. Ihren Sitz hatten sie in Ürzell. Als Vogt des Gerichtes Ulmbach trug 1357 Heinrich von Mörle sein neu erbautes und durch Wassergräben geschütztes festes Haus dem Abt zu Fulda zu rechtem Lehen auf und erklärte es zum „offenen Haus" für das Stift. Weitere Urkunden besagen, die Burg wurde zweimal erobert, 1450 durch den Abt von Fulda, 1522 durch den Grafen Georg von Wertheim, der beauftragt war, den berüchtigten Landfriedensbrecher Hektor von Mörle auszuheben. 1633, fünf Jahre vor dem Tod des letzten von Mörle genannt Böhm, Balthasar Philipp, plünderten die Schweden die Burg. Nachdem die Herren von Hutten und von Thüngen zeitweilig ihre Besitzer waren, ging 1684 und 1699 das Haus durch Kauf an Fulda. Es wurde der Verwaltungssitz eines neugebildeten Amtes Ürzell. Durch die vorhandenen Jahreszahlen 1543 und 1727 wissen wir, daß in dieser Zeit An- und Umbauten vorgenommen worden waren.

1802 gelangte das Lustschloß des Abtes Adolf von Dalberg an den Erbprinzen von Oranien. Er verschenkte es an den Frankfurter Bankier Bethmann, der es 1812 für 1200 Gulden an den Schmied Jobst weiterveräußerte. Baulich verändert, das heißt um einen Stock erniedrigt, ist heute vom einstigen Herrensitz nur noch wenig erkennbar. Moderne Anbauten bieten einer Gastronomie „Country Treff" Platz.

Schloß Wächtersbach

Wächtersbach

Schloß Wächtersbach

In der Stadtmitte liegt, umgeben von einer Parkanlage mit Weiher, das Schloß. Seine baulichen Anfänge reichen bis in das 12. Jahrhundert zurück. Ursprünglich als Wasserburg errichtet, wird sie erstmalig 1324 urkundlich erwähnt. Sie zählte mit zu den Schutzburgen des Reichsforstes Büdinger Wald und wurde als Verwaltungssitz des königlichen Forstmeisters genutzt. Nach zähen Verhandlungen und Ablösung der Besitzrechte weiterer Ganerben, gelangte die Burg 1458 in den ysenburgischen Alleinbesitz. Um den bis 1816 noch vorhandenen Bergfried begann man mit dem Bau einer trapezförmigen geschlossenen Anlage mit vier flankierenden Rundtürmen an den Ecken. Diese schloß einen engen Innenhof ein. Zwei wuchtige Rundtürme mit welscher Haube begrenzen die Südseite des Schlosses und haben die Zeit überdauert. Wie der ehemalige Kapellenraum mit Netzgewölbe stammen auch sie aus dem 15. Jahrhundert. Graf Anton wählte Anfang des 16. Jahrhunderts Wächtersbach zu seinem Aufenthaltsort. Er ließ die Burg im Stil der Renaissance umbauen. Die Westfassade erhielt einen halbrunden Eingangsturm mit dekorativem Wappenerker und Maßwerkblenden.

Der Dreißigjährige Krieg war auch am Schloß nicht ohne Schäden vorbeigegangen. Es erfolgten in der zweiten Hälfte des 17. Jahrhunderts umfangreiche Erneuerungsarbeiten, wozu auch die höhengleiche Aufstockung des nördlichen Schloßteils zählte. Es war die sogenannte dritte Bauperiode, die dem Schloß durchgehend drei Stockwerke und sein heutiges Aussehen bescherte. Seit dieser Zeit ist die Dachhöhe mit den Türmen gleich. Auch erhielt der Innenhof seine Ausgestaltung mit Arkaden. Nachdem Schloß Wächtersbach zum ständigen Wohnsitz der Wächtersbacher Linie, die 1865 gefürstet wurde, ausersehen war, brachte besonders das 19. Jahrhundert für das Schloß tiefgreifende Veränderungen mit sich. Wie bereits erwähnt fiel der Bergfried der Spitzhacke zum Opfer, die vorhandenen Wassergräben wurden zugeschüttet und um das Schloß ein Park nach englischem Muster angelegt. Besonders das Innere des Schlosses wurde im Zeitgeist modernisiert. Die dekorative Ausstattung und Wanddekoration verschwand gänzlich. Seit 1875 ziert ein runder Treppenturm mit Architekturteilen aus der Ronneburg den Innenhof.

1939 zerstörte ein Brand den Dachstuhl des Schlosses. Die fürstliche Familie zog um nach Büdingen und verwaltet von dort ihre

Erker mit Wappenstein Grafen Ysenburg und Wied

Besitzungen. Das Wächtersbacher Schloß wurde anderweitig genutzt. Unter anderem hatte der Deutsche Entwicklungsdienst darin eine Ausbildungsstätte. Auch führt die Wächtersbacher Schloßbrauerei auf dem zum Schloß gehörenden Gelände ihre seit 1578 bekannte Brautradition fort.

Schloß Wächtersbach, Grundriß des Unterstocks

Wächtersbach-Aufenau

Schloß Kinzighausen – das „Blaue Wunder"

Zwischen Aufenau und Neudorf liegt in der Kinzigaue der Gutshof Kinzighausen. Der landwirtschaftliche Betrieb wird heute „Kinzigmühle" genannt. Dort hatten einstmals als Grundherren der reichsunmittelbaren freien Herrschaft Aufenau-Neudorf, die Freiherren Forstmeister von Gelnhausen, ihren Wohnsitz. Zum Gutshof gehörte bis Anfang des 19. Jahrhunderts Schloß Kinzighausen. Die Gefache des Fachwerkobergeschosses sollen einen blauen Anstrich gehabt haben, daher hatte sich die Bezeichnung „Blauwunder" (1797) oder „Blaues Wunder" eingebürgert.

Schloß Kinzighausen war als Wasserburg entstanden und mit Wall und Graben umgeben. 1780 verkaufte die Familie Forstmeister von Gelnhausen ihren Grundbesitz an Kurmainz. Der Vertrag wurde 1787 rechtsgültig. Danach wurde das Anwesen einer wirtschaftlichen Verwendung zugeführt. Das bis auf das Erdgeschoß abgebrochene Herrenhaus nutzte der Pächter des Gutshofes zu Wohnzwecken. In den anderen Gebäudeteilen befand sich eine seit 1728 bekannte Papiermühle, die 1836 ihren Betrieb einstellte. Auch eine Mahlmühle war vorhanden. 1819 gelangten, Haus, Hof und der wirtschaftliche Betrieb durch Verkauf in Privatbesitz. Heute lassen bauliche Veränderungen von der alten Burg nur noch die Anlage erkennen.

Schloß Kinzighausen, Wächtersbach-Aufenau

Ausgewählte Literatur zur Heimat- und Ortsgeschichte des Kinzigtals

Ackermann, Jürgen:	Die Papiermühle Kinzighausen. In: Z. d. V. f. n. G. u. L., Bd. 94, 1989, S. 343 ff.
Backes, Magnus:	Handbuch der deutschen Kunstdenkmäler – Hessen. München 1982
Backes, Magnus, und Feldtkeller, Hans:	Kunstwanderungen in Hessen. Stuttgart 1962
Bertus, Peter H.:	200 Jahre Comoedienhaus Wilhelmsbad. Hanau 1982
Bickell, Ludwig:	Die Bau- und Kunstdenkmäler im Regierungsbezirk Kassel, Bd. 1, Kreis Gelnhausen. Marburg 1901
Binding, Günther:	Burgen und Schlösser am Main. Ein Kunst- und Reiseführer von Bamberg bis Frankfurt (1963)
Ders.:	Pfalz Gelnhausen. Bonn 1965 (kritisch besprochen von Wolfgang Einsingbach, in Nassauische Annalen 78/1967)
Bleibaum, Friedrich:	Zur Wiederherstellung von Schloß Birstein, Hess. Heimat 11, 1961, Heft 1
Ders.:	Zwei isenburgische Barockschlösser. In: Isenburg-Ysenburg 963–1963. Hanau 1963
Bott, Gerhard:	Amtlicher Führer von Wilhelmsbad.
Ders.:	Die Burg (künstliche Ruine) auf der Insel in (Hanau-)Wilhelmsbad, ein frühes Zeugnis romantischer Baukunst in Deutschland. In: HaGbl. 21, 1966, S. 317–340
Bott, Heinrich:	Der Abbruch des alten Schlosses in Hanau und anderes über das Hanauer Stadtschloß. Neues Magazin für Hanauer Geschichte 3, 1958
Ders.:	Die Besitzer des Dorfes Rückingen vom 16. bis zum 18. Jahrhundert. In: Hanauer Magazin Nr. 1/2, 1938
Ders.:	Beitrag zur Baugeschichte des Schlosses in Hanau. Hanauer Geschichtsblätter 17, 1960
Ders.:	Philippsruhe und Kesselstadt nach dem Plan von J. C. Lind (um 1770) und der Ansicht von J. K. Zehender (nach 1770). In: HaGblt. 20. 1965. S. 177–186

Brandenstein, Isa von:	Burg Brandenstein und ihre Besitzer in 750jähriger Geschichte. Dritte erweiterte Auflage, Schlüchtern-Elm 1986
Büttel, Johann:	Geschichte der Stadt Orb. Würzburg 1901, S. 152 f.
Büttner, Hilde, und Heuler, K. M.:	Der Trages. In: Die Heimat Nr. 5, 1928
Cauer, Paul:	Von der Burg Schwarzenfels und ihren Bauten. In: Unsere Heimat 8, 1916, Nr. 9/10, S. 86 ff.
Ders.:	Das Schloß Schwarzenfels und seine Bewohner. In: Unsere Heimat 23, 1931, Nr. 34/36, S. 281 ff.
Ders.:	Die Herren von Mörle genannt Böhm und ihr Wohnsitz Uerzell. In: Unsere Heimat, Sonderausgabe 1912
Ders.:	Altes vom Gericht Herolz und seinen drei Dörfern Herolz, Sannerz und Weiperz. Sannerz und seine Propstei. In: Unsere Heimat 1921, Nr. 3/4, S. 122 ff.
Ders.:	Burg Stolzenberg und Schloß Soden. In: Unsere Heimat 19, 1927, S. 94 ff.
Ders.:	Das Schloß Brandenstein und seine Bewohner. Unsere Heimat 12, 1920, Nr. 1/2 f.
Decker, A.:	Gereimte (Bau-)Inschriften auf der Ronneburg bei Büdingen. QHV 1887, S. 143 ff.
Decker, Klaus Peter:	Ysenburger Schlösser rund um den Büdinger Wald. In: Der Büdinger Wald. Sonderdruck Nr. 37 vom 15. 9. 1984
Desch, Hermann:	Das Wirtheimer Schloß. In: Festschrift 1000 Jahre Kassel und Wirtheim 976–1976. S. 62 ff.
Dielmann, Karl:	Schloß Birstein. Büdinger Geschichtsblätter 2, 1958
Ders.:	Oberysenburgische Bau- und Kunstschöpfung bis zur Renaissance. In: Isenburg-Ysenburg 963–1963. Hanau 1963
Ders.:	Barockschloß Philippsruhe. Schöpfung „Zweier französisch sehr experimentierter Baumeister". In: Neues Magazin für Hanauische Geschichte 1967/72, S. 95–100
Ders.:	Aus der Baugeschichte des Schlosses Philippsruhe bei Hanau. Frankfurter Neue Presse 1960 Juni 1, Ausg. 16 und 26

Einsingbach, Wolfgang:	Schwarzenfels – Schloß und Burgruine. Einige geschichtliche Nachrichten. Amtlicher Führer des Hess. Ministers der Finanzen, 2. Aufl. 1983
Ders.:	Schloß Steinau (amtlicher Führer). Verwaltung der staatlichen Schlösser und Gärten Hessen. Auflage 1978
Ders.:	Amtlicher Führer der Kaiserpfalz Gelnhausen, Bad Homburg v. d. Höhe 1980
Elm, Hans:	Chronik und Festschrift anläßlich der 1200-Jahr-Feier der bis 1970 selbständigen Gemeinde Altengronau, 1980
Hanauer Geschichtsverein (Herausgeber):	Hanau – Stadt und Land. Hanau (1954)
Hanna, Georg-W.:	Bad Soden-Salmünster – Beiträge zur Geschichte der Stadtteile. Bad Soden-Salmünster 1983
Ders.:	Kurstadt Bad Soden-Salmünster in alten Bildern. Schlüchtern 1984
Haupt, Richard:	Einiges von der Ronneburg. In: Die Kunst unserer Heimat 7, 1913
Hartmann, Ernst:	Das Grafenschloß Steinau. In: Vergangenheit 19, 1966, S. 33–74
Ders.:	Geschichte der Stadt und des Amtes Steinau an der Straße. Steinau 1971–1977, Band 1–3
Herrmann, F. H. (Herausgeber):	Friedberger Geschichtsblätter, Bd. 16 Friedberg 1949
Hermann, Kurt:	Die Geschichte von Meerholz. In: Festschrift „800 Jahre Meerholz 1173–1973"
Hohmann, Rolf:	Die Herren der Oberburg genossen große Wertschätzung. Nidderauer Anzeiger 31. 12. 1982
Ders.:	Die Oberburg im Wandel der Zeit. Lokalpresse 29. 7. 1976
Ders.:	Die Oberburg hat eine bewegte Geschichte. Hanauer Anzeiger 14. 8. 1976
Höhn:	Aus der Geschichte des Schlosses Büdesheim (Manuskript 1962)
Hotz, Walter:	Staufische Reichsburgen am Mittelrhein. Berlin 1937
Hupach, Paul:	Hüttelngesäß. In: Heimatjahrbuch des Kreises Gelnhausen, 1967, S. 75 ff.

Imgram, Leopold:	Sehenswürdigkeiten in Steinheim am Main. Steinheim am Main 1964
Isenburg, Margarete Prinzessin von:	Der Archivbau zu Birstein, eine Schöpfung des hanauischen Baudirektors Christian Ludwig Hermann. Hanauer Geschichtsblätter 18, 1962
Dies.:	Das Schloß von Langenselbold. In: Festschrift 875 Jahre Langenselbold (1983), S. 25 ff.
Kaiser, Wilhelm B.:	Geschichte des Hanauer Stadtteils Steinheim. Mitteilungsblatt der Heimatstelle Main-Kinzig 3/87, S. 76 ff.
Kienzler:	Von der Burg Gronau und ihren Bewohnern. Unsere Heimat 1909, Nr. 6, S. 37 ff.
Kirchner, Volker:	Der Eisenhammer. In: Brachttal-Nachrichten Nr. 5–13 und 16/87
Krollmann, C.:	Burg Steckelberg, die Stammburg Ulrich von Hutten. Berlin, 1901
Kühnert, Alfred:	Sannerz – Eine fuldische Siedlung im Hanauer Oberland. Bergwinkel-Bote 1984, S. 75 ff. und 1985, S. 51 ff.
Ders.:	Wo des Kaisers Hörnchen gebacken wurden. FAZ, 7. 12. 1984
Landau, Georg:	Die hessischen Ritterburgen und ihre Besitzer. Vier Bände 1832/39
Lobin, Gerd:	Wo an der Kinzig die Marktschiffschinder lauerten. FAZ, 13. 11. 1980, mit Zeichnung von Albert Siebert
Lohrmann, Günther:	Großbrand Schloß Philippsruhe in Hanau am 7. August 1984. Dokumentation der Hessischen Brandversicherungsanstalt Kassel, 1987
Lübbecke, Fried:	Hanau – Stadt und Grafschaft. Köln 1951 – Berühmte Kunststätten, Bd. 85, S. 259 ff.
Main-Kinzig-Kreis (Herausgeber):	Burgen und Schlösser im Main-Kinzig-Kreis. Gelnhausen 1977
Maldfeld, Georg:	Die Burg Rückingen und ihre Besitzer. In: Die Heimat, Monatsbeilage zum „Gelnhäuser Tageblatt" 1929, Nr. 15, S. 7 ff.
Ders.:	Der Huttische Grund In: Monatsschrift der Kinzigtaler Vereinigung für Heimatforschung, Nr. 4–6, 1927, und Nr. 9–10, 1927

Ders.:	Das alte Gericht Meerholz und seine Ortschaften. In: Monatsschrift der Kinzigtaler Vereinigung für Heimatforschung, Nr. 1 ff., 1925
Ders.:	Geschichte und Sage, Orts- und Familienkunde. Hüttelngesäß. In: Die Heimat, Monatsbeilage zum „Gelnhäuser Tageblatt" 1927, S. 7 ff.
Maul, Gustav:	Aus der Geschichte des Dorfes Rückingen. Manuskript 1962
Merk, Anton:	Schloß Philippsruhe – Historisches Museum Hanau. 15. Februar – 4. April 1987
Möller, Hans:	Bergwinkelmuseum, Festschrift 1982
Ders.:	Alte Wasserburg der Herren von Schlüchtern. Zeitungsartikel vom 28. 1. 1978 und unveröffentlichtes Manuskript zum gleichen Thema aus dem August 1978
Neumann, Heinrich:	Das Geheimnis von Schloß Philippsruhe in Hanau. Hanauisches Magazin 13, 1934
Niess, Walter:	Jahresringchronologie hessischer Eichen. In: Büdinger Geschichtsblätter 6/1966
Niess, Peter:	Die Ronneburg. Eine fürstliche Ysenburg. Burg und ihre Baugeschichte. 1936, Bespr. MOHG Nr. 33, 1936
Ders.:	Die Ronneburg in malerischen Ansichten. Volk und Scholle 22, 1950
Ders.:	Siebenhundert Jahre Ronneburg. BüGblt. 3/4, 1959/61
Ders.:	Frankfurt am Main und die Ronneburg. Volk und Scholle 11, 1933
Nothnagel, Karl:	Staufische Architektur in Gelnhausen und Worms. Bearb. v. Fritz Arens. Göppingen 1971. Geschichtsblätter für Stadt und Kreis Gelnhausen 1971
Paul, Josef:	Schloß Hausen „Zu den Brucken". Heimatjahrbuch des Kreises Gelnhausen 1955
Praesent, Wilhelm:	Bergwinkel-Chronik. Schlüchtern 1968
Romeiser, Bernhard:	Das Schloß zu Steinau an der Straße. Unsere Heimat 32, 1940, Nr. 3
Roth, Hermann Josef:	Hessen. München 1986

Schäfer, Martin:	Schloß Kinzighausen – Das blaue Wunder. In: Heimatjahrbuch des Kreises Gelnhausen 1950, S. 158 f.
Schäfer, Wilhelm:	Die Burg von Bad Orb. Heimatjahrbuch des Kreises Gelnhausen 1973, S. 90 ff.
Schenk zu Schweinsberg, Gust. Frh.:	Die Burgen Ronneburg und Rannenberg und ihre Besitzer. Mitt. des Hanauer Bezirksvereins f. hess. Geschichte und Landeskunde 5, 1876, und 6, 1880
Ders.:	Die Burg Beilstein bei Orb Hessenland 11, 1897
Ders.:	Die Burg Brandenstein bei Schlüchtern und ihre ältesten Besitzer. Hessenland 22, 1908
Schlereth, Franz Bernh.:	Über den Uranfang und Ursitz der Dynasten von Hanau, Buchen und Dorfelden. In: Zeitschrift des Vereins für hess. Geschichte und Landeskunde 3, 1843
Ders.:	(Hanau-)Kesselstadt mit dem Lustschlosse Philipssruhe. ZHG 5, 1850
Schleucher, Fritz:	Die Ronneburg. Ein Führer durch die Burg und ihre Umgebung. 1899. 2. Auflage 1906
Schmerbach, Karl:	Was wir von der Erbauung des Steinauer Schlosses wissen. In: Bergwinkel-Bote 17, 1965, S. 69–76
Schmidt, Hans Joachim:	Wo Ulrich von Hutten geboren wurde. Mein Heimatland 28 (1979), 24, S. 95–96
Schmitz, Elisabeth:	Burg Kesselstadt (bei Hanau). In: HaGblt 21, 1966, S. 97–114
Stark, Josef:	Das Wirtheimer Schloß. In: Heimatjahrbuch des Kreises Gelnhausen 1962, S. 121 ff.
Straub, August:	Burgen und Schlösser im Hessenland. Melsungen 1976
Tillmann, Curt:	Lexikon der deutschen Burgen und Schlösser. Band 1
Ulrich, Karl:	Schwarzenfels – Ein Dorf im Bild. Schlüchtern 1985
Vielsmeier, Bernd:	Das neue Schloß in Büdesheim. (Manuskript 1985)
Ders.:	Der Bruderhof in Büdesheim. (Zeittafel 1985)

Ders.:	Böcklin – Berna – Büdesheim. Wetterauer Geschichtsblätter, Bd. 30, Friedberg 1981
Walter, Hans M.:	Die Burg von Bad Orb. In: Hessenland, Jahresheft 1941
Wittenberg, Hans-Werner:	Die Geschichte der Herrschaft Ramholz. Diss. Stuttgart 1959
Wolf, Franz Nikolaus:	Das Landgericht Orb, seine Saline und Umgebung. Aschaffenburg 1824, Reprint Verlag ORBensien 1977, S. 78–80
Wolf, Inge:	Christian Ludwig Hermann – Baudirektor am Hanauer Hof. Hanauer Geschichtsblätter, Bd. 30, Hanau 1988, S. 445 ff.
Worms, Josef:	Festes Haus an des Reiches Straße. In: FAZ, 13. August 1977, mit Zeichnung von Albert Siebert
Zichner, Rudolf Arthur:	Schloß Meerholz. Wiesbaden 1942
Zimmermann, Ernst J.:	Hanau, Stadt und Land. Hanau 1919, 2. Auflage

Bildnachweis

Spielberg:	Gemeinde Brachttal, Volker Kirchner, Nr. 215/24
Schloß Trages:	Karte 1592
Hanau, Stadt-schloß:	Kreisbildstelle Hanau, Nr. 1343/D2
Bad Orb:	Karl August Ihl
Ulrich von Hutten:	Holzschnitt aus dem gleichnamigen Buch von D. F. Strauß, Meersburg/Leipzig 1930

Alle übrigen Fotos vom Autor/HA-Archiv; Grundriß-Zeichnungen wurden der einschlägigen Literatur entnommen

Glossar – Erklärung der Fachausdrücke

Apsis:	Halbkreisförmiger, gewölbter Raum, an Hauptraum angebaut.
Bering:	Ringmauer, auch für Burggelände insgesamt gebräuchlich.
Bogenblenden:	Vorgesetzte Bögen, die keine Öffnungen bilden.
Bogenfries:	Schmuck zur Betonung oberer Mauerzonen.

Caponniere:	In den Festungsgraben vorspringender Bau.
Contregarde:	Befestigungswerk vor dem Hauptwall und -graben.
Fiskalgut:	Königlicher Besitz zur Deckung der Staatsausgaben.
Ganerbe:	Miterbe und somit Miteigentümer und -bewohner einer Burg.
Gefache:	Felder zwischen den Balken der Fachwerkkonstruktion.
Gußmauerwerk:	Betonartiges Gemisch aus Kalkmörtel und Geröll.
Kammertor:	Doppeltor mit zwingerartigem Mittelteil, in dem der Gegner noch bekämpft wurde.
Kasematten:	Geschlossene Schießstände.
Kernburg:	Innere Burg mit Bergfried, Wohnbau und Ringmauer, meist der älteste Bau-Bestand.
Kragen:	Aus der Mauerfläche vorspringender Bauteil, durch Holzbalken oder Kragsteine abgestützt (Gußerker, Bogenfries).
Kreuzstockfenster:	Fensteröffnung mit senkrechter Stütze und Querstrebe aus Stein.
Kunstruine:	Als Ruine erbaut.
Kurtine:	Wallstück mit Bastionen.
Mantelmauer:	Besonders wehrhaft ausgebauter Teil der Ringmauer.
Maßwerkfries:	Schmuckfries mit in kunstvoller Steinmetzarbeit ausgefüllten Bogenfeldern.
Mauerwangen:	Mauereinfassung eines Weges.
Poterne:	Gewölbter Gang unter Festungswällen.
Ravelin:	Festungswerk außerhalb des Hauptgrabens.
Regalien:	Dem König vorbehaltene Rechte (z. B. Schürfrechte).
Ringmauer:	Mauerzug rund um die Burg.
Schalenturm:	Nach innen offener oder nur durch leichtes Fachwerk geschlossener Turm.
Spornanlage:	Burg auf einem absteigenden Bergausläufer.
Stichbogen:	Flach gerundeter Bogen.
Zwerchhaus:	Dachhäuschen quer zur Firstrichtung des Hauptdaches.
Zwinger:	Der Raum zwischen einer äußeren und inneren Ringmauer, Falle für den eingedrungenen Gegner.

Inhaltsverzeichnis
mit Wegebeschreibungen

lau über Gondsroth nach Somborn fahren. Dort die Abzweigung nach Trages wählen. Das Schloß Trages befindet sich in einem Parkgelände. Eine Besichtigung ist nur von außen möglich. 22

Freigericht-Somborn
Burgruine Hüttelngesäß
Wegebeschreibung: Wie vor. Von Trages aus über Albstadt, Michelbach nach Niedersteinbach. Vor dem Ort links ab zum Forsthaus. Die Burgruine befindet sich rechter Hand in einem Gehölz. Eine Besichtigung ist möglich. 24

Gelnhausen
Kaiserpfalz
Wegebeschreibung: A 66 Frankfurt–Fulda, Abfahrt Gelnhausen-Ost. Weiter auf der B 40 in Richtung Gelnhausen, an der Kreisverwaltung des Main-Kinzig-Kreises links ab zur Kaiserpfalz (Barbarossaburg). Geöffnet: März–Oktober, Di.–So., 10–13, 14–17.30 Uhr, November–Februar, Di.–So., 10–13, 14–16.30 Uhr. 26

Gelnhausen-Meerholz
Schloß Meerholz
Wegebeschreibung: A 66 Frankfurt–Fulda, Abfahrt Gelnhausen-West. Weiter auf der B 40 über Hailer nach Meerholz. Das Schloß befindet sich in der Ortsmitte. Eine Besichtigung ist nur von außen möglich. 30

Gründau-Gettenbach
Schloß Gettenbach
Wegebeschreibung: A 66 Frankfurt–Fulda, Abfahrt Gründau-Lieblos. Auf der B 457 in Richtung Büdingen weiter nach Hain-Gründau. Abzweigung Gettenbach beachten. Das Schloß befindet sich am Ortseingang von Gettenbach. Eine Besichtigung ist nur von außen möglich. 32

Hanau
Stadtschloß
Wegebeschreibung: A 66 Frankfurt–Fulda, Abfahrt Hanau-Nord. Weiter der Beschilderung „Deutsches Goldschmiedehaus" folgend. In unmittelbarer Nähe dieses Gebäudes befinden sich die baulichen Reste des Stadtschlosses. Eine Besichtigung ist nur von außen möglich. 33

Hanau-Kesselstadt
Schloß Philippsruhe
Wegebeschreibung: A 66 Frankfurt–Fulda, Abfahrt Hanau-West. Weiter der Beschilderung „Schloß Philippsruhe" folgend. Geöffnet: Di.–So., 10–17 Uhr. 36

Hanau-Wilhelmsbad
Kuranlage Wilhelmsbad
Wegebeschreibung: A 66 Frankfurt–Fulda, Abfahrt Hanau-West. Weiter auf der B 8/40 der Beschilderung „Wilhelmsbad" folgen.   40

Hanau-Steinheim
Schloß Steinheim
Wegebeschreibung: A 66 Frankfurt–Fulda, Abfahrt Hanau-Steinheim. Das Schloß befindet sich in der Ortsmitte. Geöffnet: Do.–So., 10–12, 14–17 Uhr.   42

Joßgrund-Burgjoß
Burgjoß
Wegebeschreibung: A 66 Frankfurt–Fulda, Abfahrt Bad Soden-Salmünster. Weiter über Mernes nach Burgjoß. Die Burg befindet sich in der Ortsmitte. Eine Besichtigung ist nur von außen möglich.   42

Joßgrund-Lettgenbrunn
Burgruine Beilstein
Wegebeschreibung: Wie vor. Von Burgjoß über Oberndorf, Pfaffenhausen nach Lettgenbrunn. Die Burgruine befindet sich rechter Hand zwischen Lettgenbrunn und Villbach. Eine Besichtigung ist möglich.   46

Langenselbold
Schloß Langenselbold
Wegebeschreibung: A 66 Frankfurt–Fulda, Abfahrt Langenselbold. Das Schloß befindet sich in der Stadtmitte. Eine Besichtigung ist nur von außen möglich. Öffnungszeiten des Heimatmuseums: Jeden 1. Sonntag im Monat von 10–12 und 14–17 Uhr sowie nach Vereinbarung.   47

Maintal-Wachenbuchen
Burgruine Buchen
Wegebeschreibung: A 66 Frankfurt–Fulda, Abfahrt Maintal-Dörnigheim. Weiter über Hochstadt nach Wachenbuchen. In der Gemarkung südöstlich von Wachenbuchen befinden sich die Ruinenreste.   49

Nidderau-Erbstadt
Schloß Naumburg
Wegebeschreibung: A 66 Frankfurt–Fulda, Abfahrt Hanau-Nord. Auf der B 45 weiter nach Nidderau. In Heldenbergen auf der B 521 über Eichen nach Erbstadt, dort Abzweigung nach Naumburg folgen. Eine Besichtigung des Schlosses ist nur von außen möglich.   50

Nidderau-Heldenbergen
Oberburg
Wegebeschreibung: Wie vor bis Heldenbergen. Die Oberburg
befindet sich in der Ortsmitte. Eine Besichtigung ist nur von außen möglich.

Nidderau-Windecken
Burg Windecken
Wegebeschreibung: Wie vor bis Windecken. Die Burg befindet
sich in der Ortsmitte. Eine Besichtigung ist nur von außen möglich.

Niederdorfelden
Burgruine Dorfelden
Wegebeschreibung: A 66 Frankfurt–Fulda, Abfahrt Maintal-Bi-
schofsheim. Weiter nach Niederdorfelden. Die Burgruine befindet sich am Ortsrand an der Straße nach Rendel. Eine Besichtigung ist nach Rückfrage beim Besitzer möglich.

Bad Orb
Burg Orb
Wegebeschreibung: A 66 Frankfurt–Fulda, Abfahrt Bad Orb.
Weiter in Richtung der Kurstadt. Die Burg befindet sich in der
Stadtmitte. Geöffnet: Mo., Do., 15.30–17 Uhr, und nach Verein-
barung.

Ronneburg
Ronneburg
Wegebeschreibung: A 66 Frankfurt–Fulda, Abfahrt Langensel-
bold. Weiter nach Ronneburg-Altwiedermus. Die Burg befindet
sich oberhalb des Ortes. Geöffnet: März bis Anfang Dezember,
Di.–Do., 10–12, 14–18 Uhr, Fr. 10–12, 14–17 Uhr, Sa., So. und
Feiertage, 10–17 Uhr.

Schlüchtern
Lautersches Schlößchen
Wegebeschreibung: A 66 Frankfurt–Fulda bis Autobahnende.
Weiter auf der B 40 über Steinau a. d. Straße nach Schlüchtern.
Das Schlößchen befindet sich in der Stadtmitte und ist ausge-
schildert mit „Bergwinkelmuseum". Geöffnet: Sommer (1.
April bis 30. September): Di.–Sa., 14–16 Uhr, So., 10–12 Uhr;
Winter (1. Oktober bis 31. März): Mi., 14–16 Uhr, So., 10–12 Uhr.

Schlüchtern
Wasserburg Schlüchtern
Wegebeschreibung: Wie vor. Die Wasserburg befindet sich in
der Stadtmitte neben dem Kloster. Eine Besichtigung ist nur
von außen möglich.

Schlüchtern-Elm
Burg Brandenstein
Wegebeschreibung: A 66 Frankfurt–Fulda bis Autobahnende.
Weiter auf der B 40 über Steinau a. d. Straße nach Schlüchtern.
Auf der Umgehungsstraße die Abzweigung Elm benutzen. Die
Burg befindet sich oberhalb des Ortes. Geöffnet: Di. und Do.,
10–12 Uhr, und nach vorheriger Anmeldung.

Schlüchtern-Ramholz
Schloß Ramholz
Wegebeschreibung: Wie vor nach Schlüchtern. Dann über He-
rolz, Vollmerz nach Ramholz. Das Schloß befindet sich in der
Ortsmitte. Eine Besichtigung ist nur von außen möglich.

Schlüchtern-Ramholz
Burgruine Steckelberg
Wegebeschreibung: Wie vor. Der Fußweg zur Ruine ist im Park
des Schlosses Ramholz ausgeschildert. Eine Besichtigung ist
möglich.

Schöneck-Büdesheim
Bruderhof oder altes Schloß und neues Schloß
Wegebeschreibung: A 66 Frankfurt–Fulda, Abfahrt Hanau-
Nord. Auf der B 45 über Nidderau-Heldenbergen weiter auf der
B 521 nach Schöneck-Büdesheim. Die beiden Schlösser befin-
den sich in der Ortsmitte. Eine Besichtigung ist nur von außen
möglich.

Sinntal-Altengronau
Huttische Wasserburg
Wegebeschreibung: A 66 Frankfurt–Fulda bis Autobahnende.
Weiter auf der B 40 über Steinau a. d. Straße, Schlüchtern,
Sinntal-Sterbfritz und Mottgers nach Altengronau. Die Wasser-
burg befindet sich in der Ortsmitte. Eine Besichtigung ist nur
von außen möglich.

Sinntal-Altengronau
Huttenburg Altengronau
Wegebeschreibung: Wie vor. Die Huttenburg befindet sich in
der Ortsmitte. Eine Besichtigung ist nur von außen möglich.

Sinntal-Sannerz
Propsteischloß Sannerz
Wegebeschreibung: A 66 Frankfurt–Fulda bis Autobahnende.
Weiter auf der B 40 über Steinau a. d. Straße, Schlüchtern-He-
rolz nach Sannerz. Das Propsteischloß befindet sich in der
Ortsmitte. Eine Besichtigung ist nur von außen möglich.

Sinntal-Schwarzenfels
Schloß und Burgruine Schwarzenfels
Wegebeschreibung: Wie vor über Sannerz, Sterbfritz und Mottgers nach Schwarzenfels. Die historische Anlage befindet sich oberhalb des Ortes. Geöffnet: März–Oktober 9.30–18 Uhr.

Bad Soden-Salmünster/Bad Soden
Burgruine Stolzenberg
Wegebeschreibung: A 66 Frankfurt–Fulda, Abfahrt Bad Soden-Salmünster. Über Salmünster nach Bad Soden. Die Burgruine befindet sich oberhalb der Stadtmitte. Eine Besichtigung ist möglich.

Bad Soden-Salmünster/Bad Soden
Huttische Talburg
Wegebeschreibung: Wie vor. Die Talburg befindet sich in der Stadtmitte. Eine Besichtigung ist nur von außen möglich.

Bad Soden-Salmünster/Salmünster
Huttenhof
Wegebeschreibung: A 66 Frankfurt–Fulda, Abfahrt Bad Soden-Salmünster. Der Huttenhof befindet sich in der Stadtmitte. Eine Besichtigung ist nur von außen möglich.

Bad Soden-Salmünster/Salmünster
Huttenschloß
Wegebeschreibung: Wie vor. Das Huttenschloß befindet sich in der Stadtmitte. Eine Besichtigung ist nur von außen möglich.

Bad Soden-Salmünster/Hausen
Schloß Hausen „Zu den Brucken"
Wegebeschreibung: A 66 Frankfurt–Fulda, Abfahrt Bad Soden-Salmünster. Weiter nach Hausen. Das Schloß befindet sich in der Ortsmitte. Eine Besichtigung ist nur von außen möglich.

Bad Soden-Salmünster/Romsthal
Herrenhaus Romsthal
Wegebeschreibung: A 66 Frankfurt–Fulda, Abfahrt Bad Soden-Salmünster. Weiter über Bad Soden in den Huttischen Grund nach Romsthal. Das Herrenhaus befindet sich in der Ortsmitte. Eine Besichtigung ist nur von außen möglich.

Steinau an der Straße
Schloß Steinau
Wegebeschreibung: A 66 Frankfurt–Fulda bis Autobahnende. Weiter auf der B 40 nach Steinau a. d. Straße. Das Schloß befindet sich in der Stadtmitte. Geöffnet: März–Oktober, Di.–So., 10–16 Uhr, November–Februar, Di.–So., 10–15 Uhr.